# 초급
# 중국어
# 독해

김 재 민 · 서 희 명

제이앤씨
Publishing Company

# 머리말

중국어를 처음 접하게 되는 학습자를 보면 성조, 발음, 한자 쓰기 등의 어려움과 암기해야 하는 내용 등이 많아 중도에 포기하는 경우가 많습니다. "부지런히 배우고 애써 연마해야 능숙해지는 법이다.(勤学苦练, 熟能生巧。)"라는 말이 있듯이, 중국어는 하루아침에 이루어지는 것이 아니라 매일 매일의 학습량이 쌓여야 능숙해지는 것입니다. 그러니 이왕 중국어를 공부하기로 마음먹었다면 꾸준히 노력하시기 바랍니다.

본 교재는 중국어 회화 소통 능력과 텍스트 해석 능력을 기르기 위한 독해 교재입니다. 1과부터 15과까지 남녀 주인공의 만남을 시작으로, 그들이 겪을 수 있는 대학 생활을 소재로 하고 있어 마치 한편의 단편 영화를 보는 듯한 느낌을 받을 수도 있습니다. 회화와 표현 등 장면 하나하나가 실제 생활에 치중되어 있어, 초급과 중급 수준의 회화 학습자에게도 충분히 도움이 될 수 있습니다.

특히 중국 현지에서 바로 사용할 수 있는 실생활의 대화와 짧은 본문의 내용, 구문 설명과 다양한 형태의 연습문제를 통해 반복 학습의 효과를 극대화할 수 있도록 하였습니다.

본 교재를 활용한 학습자들이 중국어를 자신의 언어로 습득하고 터득해가는 과정에서 그 매력을 진정으로 느끼는 데 도움이 되기를 바라며, 이 책의 출판을 허락해 주신 제이앤씨 윤석현 대표님과 한 줄 한 줄 세심하게 편집해주신 최인노 선생님께 감사의 마음을 전합니다.

2023년 12월
저자

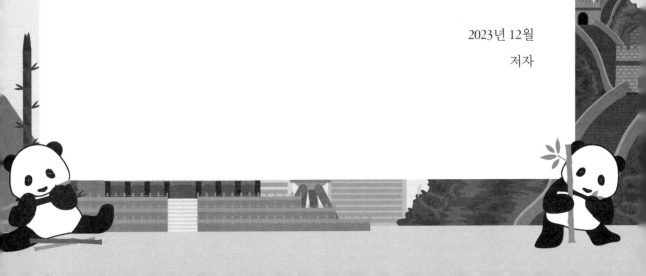

# 목 차

제1과

# 国际交换生

Guójì jiāohuànshēng

장면 1

A: 你好!
Nǐ hǎo!

B: 你好!
Nǐ hǎo!

A: 你叫什么名字?
Nǐ jiào shénme míngzì?

B: 我叫王晓。你呢?
Wǒ jiào Wángxiǎo. Nǐ ne?

A: 我叫朴泰盛。
Wǒ jiào Piáotàishèng.

B: 很高兴认识你。
Hěn gāoxìng rènshi nǐ.

B: 认识你我也很高兴。
Rènshi nǐ wǒ yě hěn gāoxìng.

새 단어

☐ **国际** guójì　　　　　　국제.

☐ **交换生** jiāohuànshēng　　교환학생.

☐ **你好** nǐ hǎo　　　　　　안녕하세요.

☐ **叫** jiào　　　　　　　　(이름을) …라고 하다(부르다). …이다.

☐ **什么** shénme　　　　　　무엇. 어떤. 무슨. 어느. (명사 앞에 써서 사람이나 사
　　　　　　　　　　　　　　물을 물음)

☐ **名字** míngzì　　　　　　이름. 성명(姓名).

☐ **王晓** Wángxiǎo　　　　왕샤오.

☐ **呢** ne　　　　　　　　　…은요? …는? (의문문의 끝에 써서 앞에서 말한 화
　　　　　　　　　　　　　　제를 이어받아 질문을 할 때 쓰임)

☐ **朴泰盛** Piáotàishèng　　박태성.

☐ **很** hěn　　　　　　　　매우. 아주. 대단히. 잘. 몹시. 퍽. 정말.

☐ **高兴** gāoxìng　　　　　좋아하다. 기뻐하다. 즐거워하다. 흐뭇해 하다.

☐ **认识** rènshi　　　　　　알다. 인식하다.

☐ **也** yě　　　　　　　　　…도.

 기타

☐ 页 yè      (책·장부 등의) 면. 페이지.

☐ ! (感叹号) gǎntànhào      느낌표. 감탄 부호. (감탄이나 놀람, 부르짖음, 명령 등 강한 느낌을 나타냄)

☐ ? (问号) wènhào      물음표. (문장의 끝에 쓰여 의문의 어투를 나타냄)

☐ 。(句号) jùhào      마침표. 고리점. (문장의 끝에 쓰여 서술의 어투나 약화된 감탄의 어투를 나타냄)

A: **你家有几口人？**
Nǐ jiā yǒu jǐkǒurén?

B: **我家有六口人。**
Wǒ jiā yǒu liùkǒurén.

A: **你有姐姐吗？**
Nǐ yǒu jiějie ma?

B: **我没有姐姐。**
Wǒ méiyǒu jiějie.

A: **你家都有谁？**
Nǐ jiā dōu yǒu shéi?

B: **我家有爷爷、奶奶、爸爸、妈妈、妹妹和我。**
Wǒ jiā yǒu yéye, nǎinai, bàba, māma, mèimei hé wǒ.

 새 단어

□ **家** jiā            집. 집안. 가정.

□ **有** yǒu            있다. (존재를 표시함)

□ 几 jǐ　　　　　　　　몇. (대개 10이하의 적은 수를 막연하게 이름)

□ 口 kǒu　　　　　　식구. (사람을 셀 때 쓰임)

□ 人 rén　　　　　　사람.

□ 姐姐 jiějie　　　　누나. 언니.

□ 吗 ma　　　　　　…입니까? (구말[句末]에 사용하여 의문을 표시함)

□ 没有 méiyǒu　　　없다. (존재의 부정을 나타냄)

□ 都 dōu　　　　　　모두. 다. (앞의 사람이나 사물을 총괄함)

□ 谁 shéi　　　　　누구. 아무. (불특정한 사람을 나타냄)

□ 爷爷 yéye　　　　할아버지.

□ 奶奶 nǎinai　　　할머니.

□ 爸爸 bàba　　　　아버지.

□ 妈妈 māma　　　　어머니.

□ 妹妹 mèimei　　　여동생.

□ 和 hé　　　　　　…와. …과. (명사·대명사·명사화된 동사·형용사 등
　　　　　　　　　　의 병렬을 나타냄. 이때 병렬되는 것이 둘일 경우에
　　　　　　　　　　는 둘 사이에, 셋 이상일 경우에는 마지막 둘 사이에
　　　　　　　　　　위치함)

 기타

□ 、(顿号) dùnhào　　모점. (문장에서 병렬 관계에 있는 낱말 또는 구 사이
　　　　　　　　　　에 쓰여 가벼운 쉼을 나타냄)

今年我们年级来了一个北京大学的女孩子，她叫王晓，是
Jīnnián wǒmen niánjí lái le yí ge Běijīng dàxué de nǚháizi, tā jiào Wángxiǎo shì

国际交换生。我们是在教学楼门口初次相遇的，她问我：“经营
guójì jiāohuànshēng. Wǒmen shì zài jiàoxuélóu ménkǒu chūcì xiāngyù de, tā wèn wǒ: "Jīngyíng

系系办是不是在二楼”。我很高兴地回答：“是的，我就是首尔
xì xìbàn shì bu shì zài èr lóu. Wǒ hěn gāoxìng de huídá: "shì de, wǒ jiùshì Shǒu'ěr

大学一年级经营系的学生，我叫朴泰盛”。
dàxué yī niánjí jīngyíngxì de xuésheng, wǒ jiào Piáotàishèng".

我很高兴能认识新同学，虽然才认识几天，可我发现，王
Wǒ hěn gāoxìng néng rènshi xīn tóngxué, suīrán cái rènshi jǐtiān, kě wǒ fāxiàn, Wáng

晓是一个很有魅力的女孩子，我们会愉快地相处，还会一起
xiǎo shì yí ge hěn yǒu mèilì de nǚháizi, wǒmen huì yúkuài de xiāngchǔ, hái huì yìqǐ

努力，顺利地完成学业。
nǔlì, shùnlì de wánchéng xuéyè.

**새 단어**

- [ ] 今年 jīnnián 　올해. 금년.
- [ ] 我们 wǒmen 　우리(들).
- [ ] 年级 niánjí 　학년.
- [ ] 来 lái 　오다.
- [ ] 了 le 　동사 또는 형용사 뒤에 쓰여 동작 또는 변화가 이미 완료되었음을 나타냄.
- [ ] 个 ge 　명. 사람. 개. (전용 양사가 없는 사물에 널리 쓰임)
- [ ] 北京大学 Běijīng dàxué 　북경대학교.
- [ ] 的 de 　…의.
- [ ] 女孩子 nǚháizi 　여자아이. 소녀.
- [ ] 是 shì 　…이다.
- [ ] 在 zài 　(사람이나 사물이) …에 있다. …에 놓여 있다.
- [ ] 教学楼 jiàoxuélóu 　강의동. 강의실 건물.
- [ ] 门口 ménkǒu 　입구. 현관. 문어귀.
- [ ] 初次 chūcì 　처음.
- [ ] 相遇 xiāngyù 　만나다. 마주치다.
- [ ] 问 wèn 　묻다. 질문하다.
- [ ] 经营系 jīngyíngxì 　경영학과.
- [ ] 系办 xìbàn 　학과 사무실.

☐ **不是** búshì          …이 아니다. ('是'의 부정)

☐ **楼** lóu          층.

☐ **地** de          …하게. (일반적으로 부사어 뒤에 붙는 구조조사로 쓰임)

☐ **回答** huídá          대답(하다).

☐ **就是** jiùshì          바로 …이다.

☐ **首尔大学** Shǒu'ěr dàxué          서울대학교.

☐ **学生** xuésheng          학생.

☐ **能** néng          …될 수 있다. …것 같다. …할 가능성이 있다. …일 수 있다.

☐ **新** xīn          새롭다. 새로운.

☐ **同学** tóngxué          학우. 동급생. 동창.

☐ **虽然…可** suīrán…kě          비록 …일지라도(하지만). 설령 …일지라도. ('可是 kěshì', '但是 dànshì', '却是 quèshì' 등과 어울려 쓰임)

☐ **才** cái          방금. 이제 막. 이제서야. …이 되어서야.

☐ **几天** jǐtiān          며칠.

☐ **发现** fāxiàn          발견(하다).

☐ **魅力** mèilì          매력.

☐ **会** huì          …할 가능성이 있다. …할 것이다.

☐ **愉快** yúkuài          기쁘다. 유쾌하다.

☐ **相处** xiāngchǔ          함께 지내다.

| | |
|---|---|
| ☐ **还** hái | 또. 더. |
| ☐ **一起** yìqǐ | 같이. 더불어. 함께. |
| ☐ **努力** nǔlì | 노력하다. 힘쓰다. |
| ☐ **顺利** shùnlì | 순조롭다. 무난하다. |
| ☐ **完成** wánchéng | 마치다. (예정대로) 끝내다. 완수하다. |
| ☐ **学业** xuéyè | 학업. |

기타

| | |
|---|---|
| ☐ **，(逗号)** dòuhào | 콤마[comma]. 반점. (문장 가운데 쓰여 쉼을 나타냄) |
| ☐ **：(冒号)** màohào | 쌍점. (뒤 문장을 제시하거나 앞 문장을 총괄함을 나타냄) |
| ☐ **" "(引号)** yǐnhào | 따옴표. 인용부호. (인용한 부분, 특정한 호칭이나 의미가 있는 단어를 나타냄) |

# 구문 설명

## 1 구조조사 '的'

'的'는 '...의'라는 뜻으로, 일반적으로 명사나 인칭대명사 뒤에서 소유나 소속 관계를 나타낸다.

| 일반명사 | 我的书<br>wǒ de shū<br>나의 책 | 你的桌子<br>nǐ de zhuōzi<br>너의 책상 |
|---|---|---|
| 인간관계<br>(호칭) | 我(的)朋友<br>wǒ (de) péngyou<br>나의 친구 | 他(的)妈妈<br>tā (de) māma<br>그의 엄마 |
| 소속관계<br>(기관 · 단체) | 他(的)家<br>tā (de) jiā<br>그의 집 | 我们(的)学校<br>wǒmen (de) xuéxiào<br>우리 학교 |

☞ 인간관계 혹은 소속관계를 나타내는 명사를 수식할 때는 흔히 조사 '的'를 생략한다. 하지만 일반명사를 수식할 때는 생략할 수 없다.

## 2 판단동사 '是'

'是'는 '…이다'라는 뜻으로, 부정형은 '是' 앞에 부사 '不'를 붙인다. 정반 의문문은 '…是不是…'라고 표현한다.

### 你是王晓的朋友吗?

Nǐ shì Wángxiǎo de péngyou ma?
당신은 왕샤오의 친구 입니까?

他的老师**是**韩国人。

Tā de lǎoshī shì Hánguórén.

그의 선생님은 한국사람입니다.

她不**是**首尔大学的学生。

Tā búshì Shǒu'ěr dàxué de xuésheng.

그녀는 서울대학 학생이 아닙니다.

**③ 전치사 '在'**

'在'는 '…에서(…을 하다)'라는 뜻으로 장소를 나타낸다.

| 주어 | 在 | 장소 명사 | 동사(구) |
|---|---|---|---|
| 我<br>Wǒ | 在<br>zài | 学生食堂<br>xuésheng shítáng<br>학생식당 | 吃饭。<br>chīfàn.<br>밥을 먹는다. |
| 他<br>Tā | | 新华书店<br>xīnhuá shūdiàn<br>신화서점 | 买书。<br>mǎi shū.<br>책을 산다. |
| 我们<br>Wǒmen | | 电影院<br>diànyǐngyuàn<br>영화관 | 看电影。<br>kàn diànyǐng.<br>영화를 본다 |

# 알아보기

## 【인칭대명사】

| 인칭대명사 | 단수 | 복수 |
|---|---|---|
| 1인칭 | 我<br>wǒ | 我们<br>wǒmen |
| 2인칭 | 你<br>nǐ | 你们<br>nǐmen |
| | 您<br>nín | |
| 3인칭 | 他<br>tā | 他们<br>tāmen |
| | 她<br>tā | 她们<br>tāmen |
| | 它<br>tā | 它们<br>tāmen |

# 【중국인의 숫자 손짓】

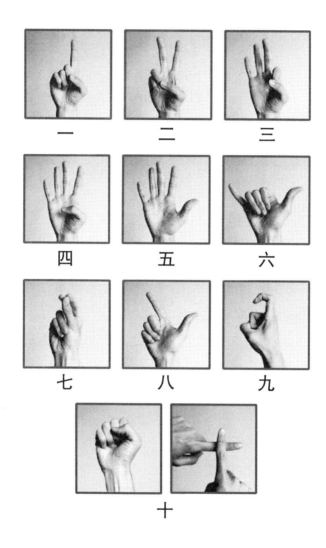

| 零 | 一 | 二 | 三 | 四 | 五 | 六 |
|---|---|---|---|---|---|---|
| líng | yī | èr | sān | sì | wǔ | liù |
| 0 | 1 | 2 | 3 | 4 | 5 | 6 |
| 七 | 八 | 九 | 十 | 一百 | 一千 | 一万 |
| qī | bā | jiǔ | shí | yìbǎi | yìqiān | yíwàn |
| 7 | 8 | 9 | 10 | 100 | 1,000 | 10,000 |

## 【一 · 不의 성조 변화】

| | 성조 | 예 | 변화 전 | 변화 후 | 뜻 | 설명 |
|---|---|---|---|---|---|---|
| 一 | yī | 一天 | yītiān | yìtiān | 하루 | '一'는 원래 제1성이지만, 제1성·제2성·제3성자 앞에서는 제4성으로 읽는다. 제4성자 앞에서는 제2성으로 읽는다. |
| | | 一年 | yīnián | yìnián | 1년 | |
| | | 一起 | yīqǐ | yìqǐ | 같이, 함께 | |
| | | 一句 | yījù | yíjù | 한 마디 | |
| 不 | bù | 不谢 | bùxiè | búxiè | 천만에요 | '不'는 제4성자 앞에서는 제2성으로 읽는다. |
| | | 不是 | bùshì | búshì | 아니다 | |

연습문제

Ⅰ. 주어진 병음의 한자를 보기에서 선택하고, 전체를 해석하시오.

〈보기〉

及 愚 搂 极 搭 咳 汲 遇 楼 亥 圾

嗒 偶 骇 喽 孩 镂 塔 偻 隅 答 级

(1) 今年我们年(　　　)来了一个北京大学的女(　　　)子。( jí. hái )

　　⊃ 전체해석: (　　　　　　　　　　　　　　　　　　　　　　　　　　)

(2) 我们是在教学(　　　)门口初次相(　　　)的。( lóu. yù )

　　⊃ 전체해석: (　　　　　　　　　　　　　　　　　　　　　　　　　　)

(3) 我很高兴地回(　　　)。( dá )

　　⊃ 전체해석: (　　　　　　　　　　　　　　　　　　　　　　　　　　)

Ⅱ. 한어병음이 바르면 ○, 틀리면 ✕ 하세요.

(1) 今年 jīnnián (　　　)　　　　(2) 高兴 gāoxìn (　　　)

(3) 发现 fājiàn (　　　)　　　　(4) 魅力 mèirì (　　　)

Ⅲ. 다음 단어들을 어순에 맞게 배열해 보세요.

(1) 叫 / 你 / 什么 / 名字

　　⤵ (　　　　　　　　　　　　　　　　　　　　)

(2) 生 / 国际 / 是 / 交换 / 我

　　⤵ (　　　　　　　　　　　　　　　　　　　　)

(3) 我 / 你 / 认识 / 高兴 / 很 / 也

　　⤵ (　　　　　　　　　　　　　　　　　　　　)

# MEMO

제2과

# 一起选课

Yìqǐ xuǎnkè

A: 你是学生吗?
Nǐ shì xuésheng ma?

B: 是。你呢?
Shì. Nǐ ne?

A: 我也是。你是新生吗?
Wǒ yě shì. Nǐ shì xīnshēng ma?

B: 是。我今年才入学。你呢?
Shì. Wǒ jīnnián cái rùxué. Nǐ ne?

A: 我大二了，去年考上的大学。
Wǒ dà'èr le, qùnián kǎoshàng de dàxué.

B: 你学什么?
Nǐ xué shénme?

A: 我学汉语。你呢?
Wǒ xué Hànyǔ. Nǐ ne?

B: 我学习日语。
Wǒ xuéxí Rìyǔ.

새 단어

□ **选课** xuǎnkè          수강 신청을 하다.

□ **新生** xīnshēng        신입생.

□ **入学** rùxué           입학하다.

□ **大二** dà'èr           대학교 2학년.

□ **考上** kǎoshàng        (시험에) 합격하다.

□ **学** xué               배우다. 학습하다.

□ **汉语** Hànyǔ           중국어.

□ **学习** xuéxí           학습(하다). 공부(하다).

□ **日语** Rìyǔ            일본어.

A: 你学习什么?
Nǐ xuéxí shénme?

B: 我学习汉语。
Wǒ xuéxí Hànyǔ.

A: 她学习什么?
Tā xuéxí shénme?

B: 她也学习汉语。
Tā yě xuéxí Hànyǔ.

A: 汉语难吗?
Hànyǔ nán ma?

B: 汉语不难。
Hànyǔ bù nán.

 새 단어

□ 难 nán                         어렵다.

每个新学期开始时，第一件要做的事就是选课。
Měige xīn xuéqī kāishǐ shí, dìyī jiàn yào zuò de shì jiùshì xuǎnkè.

这个学期我选了九门课，王晓也选了不少课。每个星
Zhège xuéqī wǒ xuǎn le jiǔ mén kè, Wángxiǎo yě xuǎn le bùshǎo kè. Měige xīng

期我们得上十八个小时课，星期三和星期五还有课外
qī wǒmen děi shàng shíbā ge xiǎoshí kè, xīngqīsān hé xīngqīwǔ háiyǒu kèwài

活动，每天回家后除了作业外，还要经常准备报告。
huódòng, měitiān huíjiā hòu chú le zuòyè wài, háiyào jīngcháng zhǔnbèi bàogào.

有一天下课以后，我们一边整理书本，一边聊了
Yǒuyìtiān xiàkè yǐhòu, wǒmen yìbiān zhěnglǐ shūběn, yìbiān liáo le

起来，王晓说"虽然课都很有意思，但是要做的预习
qǐlái, Wángxiǎo shuō "Suīrán kè dōu hěn yǒu yìsi, dànshì yào zuò de yùxí

和课后作业太多，我要累死了。""那我们一起学习
hé kè hòu zuòyè tàiduō, wǒ yào lèisǐ le." "Nà wǒmen yìqǐ xuéxí

吧，这样可以快一点，好吗？"我问她。王晓听了我的
ba, zhèyàng kěyǐ kuài yìdiǎn, hǎo ma?" Wǒ wèn tā. Wángxiǎo tīng le wǒ de

话，调皮地笑了，好像早就等着我这样问她似的。这
huà, tiáopí de xiào le, hǎoxiàng zǎojiù děng zhe wǒ zhèyàng wèn tā shìde. Zhè

个样子的她太可爱了。
ge yàngzi de tā tài kě'ài le.

**새 단어**

| | | |
|---|---|---|
| ☐ | **每个** měige | 매. 각. ···마다. |
| ☐ | **学期** xuéqī | 학기. |
| ☐ | **开始** kāishǐ | 시작하다. 착수하다. |
| ☐ | **时** shí | 때. |
| ☐ | **第一** dìyī | 맨 처음. 최초. 첫 (번)째. 제1. |
| ☐ | **要** yào | 필요하다. 바라다. 원하다. |
| ☐ | **件** jiàn | 건. 가지. (일·사건·개체의 사물을 세는 데 사용함) |
| ☐ | **事** shì | 일. |
| ☐ | **这个** zhège | 이. 이것. |
| ☐ | **选** xuǎn | 선택하다. 고르다. 뽑다. |
| ☐ | **门** mén | 과목. 가지. (학문·기술 따위의 항목을 세는 데 쓰임) |
| ☐ | **不少** bùshǎo | 적지 않다. |
| ☐ | **星期** xīngqī | 주(週). 요일. |
| ☐ | **得** děi | (마땅히) ···해야 한다. |
| ☐ | **上** shàng | (정해진 시간에) 어떤 활동을 하다. |
| ☐ | **小时** xiǎoshí | 시간. |
| ☐ | **还有** háiyǒu | 그리고. 또한. |
| ☐ | **课外活动** kèwài huódòng | 과외활동. |

| | | |
|---|---|---|
| ☐ **每天** měitiān | 매일. |
| ☐ **回家** huíjiā | 집으로 돌아가다(오다). 귀가하다. |
| ☐ **后** hòu | 후. 뒤. |
| ☐ **除了…外** chúle…wài | …외에 또. …외에 …도. |
| ☐ **作业** zuòyè | (학생들의) 숙제. 과제. |
| ☐ **还要** háiyào | 또. 그뿐만 아니라. |
| ☐ **经常** jīngcháng | 자주. 늘. 항상. |
| ☐ **准备** zhǔnbèi | 준비하다. |
| ☐ **报告** bàogào | 보고(서). 리포트. |
| ☐ **有一天** yǒuyìtiān | 어느 날. |
| ☐ **下课** xiàkè | 수업이 끝나다. 수업을 마치다. |
| ☐ **一边…, 一边…** yìbiān…, yìbiān… | 한편으로 …하면서 (…하다). |
| ☐ **整理** zhěnglǐ | 정리(하다). 정돈(하다). |
| ☐ **书本** shūběn | 책. 서적의 총칭. |
| ☐ **聊** liáo | 한담하다. 잡담하다. |
| ☐ **起来** qǐlái | …하기 시작하다. (동사 또는 형용사 뒤에 쓰여, 동작이나 상황이 시작되거나 계속됨을 나타냄) |
| ☐ **说** shuō | 말하다. 이야기하다. |
| ☐ **有意思** yǒu yìsi | 재미있다. 흥미 있다. |
| ☐ **但是** dànshì | 그러나. 그렇지만. |
| ☐ **做** zuò | 하다. 일하다. |

□ **预习** yùxí　　예습(하다).

□ **课后** kèhòu　　방과 후.

□ **太多** tài duō　　너무 많다.

□ **累死** lèisǐ　　힘들어 죽을 지경이다. 몹시 피곤하다.

□ **吧** ba　　…합시다. (구말[句末]에 쓰여 상의·제의·청구·독촉 등의 어기[語氣]를 나타냄)

□ **这样** zhèyàng　　이렇게. 이래서. 이러한 방식으로 (수단·방식 등을 의미함)

□ **可以** kěyǐ　　…할 수 있다. (가능이나 능력을 표시함)

□ **快一点** kuài yìdiǎn　　좀 빨리.

□ **好** hǎo　　잘. 다. ([동사 뒤에 쓰여] 완성되었거나 잘 마무리되었음을 나타냄)

□ **听** tīng　　듣다.

□ **调皮** tiáopí　　장난스럽다. 장난이 심하다. 짓궂다.

□ **笑** xiào　　웃다.

□ **好像** hǎoxiàng　　마치 …과 같다(비슷하다).

□ **早就** zǎojiù　　진작. 벌써. 훨씬 전에. 이미. 일찍이.

□ **等着** děng zhe　　기다려서 (…하다).

□ **似的** shìde　　(마치) …과 같다. …처럼. …인 듯.

□ **样子** yàngzi　　모양. 꼴. 형태.

□ **可爱** kě'ài　　사랑스럽다. 귀엽다.

# 구문 설명

**1** '一边……, 一边……'

'一边……, 一边……'은 '……하면서, ……하다'라는 뜻으로, 두 개 이상의 동작이 동시에 진행될 때 쓰인다. 이때 주어는 같을 수도 있고, 다를 수도 있다.

**他一边吃, 一边说。**
Tā yìbiān chī, yìbiān shuō.
그는 먹으면서 말한다.

**他一边做, 我一边吃。**
Tā yìbiān zuò, wǒ yìbiān chī.
그는 만들고, 나는 먹는다.

**2** 부사 '太'

'太'는 '너무, 정말, 아주'라는 뜻으로, 주로 '太……了'의 형식으로 사용되며 정도가 지나침을 나타낸다.

**他太累了。**
Tā tài lèi le.
그는 너무 피곤하다.

**我妹妹太忙了。**
Wǒ mèimei tài máng le.
내 여동생은 너무 바쁘다.

**这儿的风景太美了。**
Zhèr de fēngjǐng tài měi le.
이곳의 경치가 너무 아름답다.

### ③ '除了…(以)外'

'除了…(以)外'는 '~이외에'라는 뜻으로, 언급하는 대상이 어떤 범위 내에 포함되지 않음을 나타낸다. '(以)外'는 생략할 수 있다.

1) '…외에 또', '…외에 …도'라는 뜻으로, 주로 뒷 절에 '还', '也' 등과 같이 사용된다.

**我除了英语以外，还会说汉语。**
Wǒ chúle yīngyǔ yǐwàihái huì shuō hànyǔ.
나는 영어 외에 중국어도 할 줄 안다.

**我除了游泳以外，还会滑冰。**
Wǒ chúle yóuyǒng yǐwài, hái huì huábīng.
나는 수영 외에 스케이트도 탈 줄 안다.

**我们除了星期日休息以外，星期六也休息。**
Wǒmen chúle xīngqīrì xiūxi yǐwài, xīngqīliù yě xiūxi.
우리는 일요일 휴무 외에 토요일도 휴무다.

**他除了喜欢体育以外，也喜欢音乐。**
Tā chúle xǐhuan tǐyù yǐwài, yě xǐhuan yīnyuè.
그는 체육 외에 음악도 좋아한다.

2) '…을 제외하고는 모두', '…이외에 다'라는 뜻으로, 주로 뒷 절에 '都'와 같이 사용된다.

**除了我以外，别人都不会说汉语。**
Chúle wǒ yǐwài, biérén dōu bú huì shuō hànyǔ.
나 이외에 다른 사람들은 모두 중국어를 할 줄 모른다.

# 알아보기

## 【의문대명사】

| 什么 | 为什么 | 什么时候 | 怎么 | 哪儿 | 谁 |
|---|---|---|---|---|---|
| shénme | wèishénme | shénme shíhou | zěnme | nǎr | shéi |
| 무엇 | 왜<br>무엇 때문에 | 언제 | 어떻게<br>어째서 | 어디<br>어느 곳 | 누구 |

## 【요일】

| 중국어 | 병음 | 뜻 |
|---|---|---|
| 星期 (礼拜) 一 | xīngqī (lǐbài) yī | 월요일 |
| 星期 (礼拜) 二 | xīngqī (lǐbài) èr | 화요일 |
| 星期 (礼拜) 三 | xīngqī (lǐbài) sān | 수요일 |
| 星期 (礼拜) 四 | xīngqī (lǐbài) sì | 목요일 |
| 星期 (礼拜) 五 | xīngqī (lǐbài) wǔ | 금요일 |
| 星期 (礼拜) 六 | xīngqī (lǐbài) liù | 토요일 |
| 星期 (礼拜) 天(日) | xīngqī (lǐbài) tiān(rì) | 일요일 |
| 星期 (礼拜) 几 | xīngqī (lǐbài) jǐ | 무슨 요일 |

☞ '요일'은 '星期' 또는 '礼拜'라고 하며, 뒤에 '一, 二…'을 붙인다.

## 【년·월·주·일】

| | 과거 | | | 현재 | 미래 | | |
|---|---|---|---|---|---|---|---|
| 년 | 大前年<br>dàqiánnián<br>재재작년 | 前年<br>qiánnián<br>재작년 | 去年<br>qùnián<br>작년 | 今年<br>jīnnián<br>금년 | 明年<br>míngnián<br>내년 | 后年<br>hòunián<br>내후년 | 大后年<br>dàhòunián<br>내내후년 |
| 월 | | 上上(个个)月<br>shàngshàng (ge) yuè<br>지지난 달 | 上(个)月<br>shàng (ge) yuè<br>지난 달 | 这(个)月<br>zhè (ge) yuè<br>이번 달 | 下(个)月<br>xià (ge) yuè<br>다음 달 | 下下(个)月<br>xiàxià (ge) yuè<br>다다음 달 | |
| 주 | | 上上(个)星期<br>shàngshàng (ge)<br>xīngqī<br>지지난 주 | 上(个)星期<br>shàng (ge)<br>xīngqī<br>지난 주 | 这(个)星期<br>zhè (ge)<br>xīngqī<br>이번 주 | 下(个)星期<br>xià (ge)<br>xīngqī<br>다음 주 | 下下(个)星期<br>xiàxià (ge)<br>xīngqī<br>다다음 주 | |
| 일 | 大前天<br>dàqiántiān<br>그그저께 | 前天<br>qiántiān<br>그저께 | 昨天<br>zuótiān<br>어제 | 今天<br>jīntiān<br>오늘 | 明天<br>míngtiān<br>내일 | 后天<br>hòutiān<br>모레 | 大后天<br>dàhòutiān<br>글피 |

☞ 수+년(월·주·일)+전(후)를 써서 표현하기도 한다.

一年前 yì nián qián 1년 전

两个月后 liǎng ge yuè hòu 2개월 후

三(个)星期前 sān (ge) xīngqī qián 3주 전

四天后 sì tiān hòu 4일 후

☞ '年·月·星期·天' 앞에 '每 měi'를 써서 표현하기도 한다.

每年 měinián 매년

每月 měiyuè 매월. 매달

每星期 měixīngqī 혹은 每周 měizhōu 매주

每天 měitiān 혹은 每日 měirì 매일

# 【양사(量詞)】

사물이나 동작의 수량 단위를 나타낸다. 크게 사물의 수량 단위를 나타내는 명량사(名量詞)와 동작의 횟수 단위를 나타내는 동량사(動量詞)로 나뉜다.

## 1. 명량사

| 명량사 | 병음 | 특징 | 적용 명사 | 예 |
|---|---|---|---|---|
| 把 | bǎ | 손잡이가 있는 물건<br>(자루) | 刀 dāo (칼)<br>椅子 yǐzi (의자) | 一把刀<br>一把椅子 |
| 本 | běn | 책·서적류<br>(권. 부) | 书 shū (책)<br>杂志 zázhì (잡지) | 一本书<br>一本杂志 |
| 个 | gè | 특정 양사 없는 일반 사물<br>(개) | 人 rén (사람)<br>问题 wèntí (문제) | 一个人<br>一个问题 |
| 件 | jiàn | 옷·일·사건류<br>(가지. 건) | 衣服 yīfu (옷)<br>事 shì (일) | 一件衣服<br>一件事 |
| 辆 | liàng | 차·탈 것<br>(대. 량) | 汽车 qìchē (자동차)<br>自行车 zìxíngchē (자전거) | 一辆汽车<br>一辆自行车 |
| 所 | suǒ | 집·학교 따위의 건축물<br>(동. 채) | 大学 dàxué (대학)<br>房子 fángzi (집. 건물) | 一所大学<br>一所房子 |
| 条 | tiáo | 가늘고 긴 형태의 것<br>(마리. 줄기) | 鱼 yú (고기)<br>河 hé (강) | 一条鱼<br>一条河 |
| 位 | wèi | 존중할 사람<br>(분) | 先生 xiānsheng (~씨)<br>客人 kèrén (손님) | 一位先生<br>一位客人 |

| 张 | zhāng | 평면이 있는 것<br>(장) | 纸 zhǐ (종이)<br>票 piào (표) | 一张纸<br>一张票 |
| 座 | zuò | 크고 단단한 고정된 사물<br>(개) | 桥 qiáo (다리)<br>山 shān (산) | 一座桥<br>一座山 |

## 2. 동량사

| 동량사 | 병음 | 특징 | 예 |
| --- | --- | --- | --- |
| 遍 | biàn | 한 동작이 시작해서 끝까지의 전 과정 | 看过两遍这本书<br>이 책을 두 번 본 적 있다. |
| 场 | cháng | 일의 경과, 자연 현상 | 下了一场大雨<br>한바탕 소나기가 내렸다. |
| 场 | chǎng | 문예, 연출, 체육 활동 | 打了一场球赛<br>한차례 구기 시합을 했다. |
| 次 | cì | 반복해서 출현하는 동작 | 讨论了三次<br>세 번 토론했다. |
| 顿 | dùn | 식사, 질책, 구타 등의 동작 | 吃了两顿饭<br>두 끼 식사를 했다.<br>打了他三顿<br>그를 세 번 때렸다. |
| 番 | fān | 주로 힘이 들거나 시간이 드는 행위<br>(일반적으로 수사 '一'만 씀 ) | 调查了一番<br>한 차례 조사했다. |

| | | | |
|---|---|---|---|
| 回 | huí | 반복해서 출현하는 동작<br>('次'와 같은 의미이며,<br>좀 더 구어적인 느낌이 강함) | 去过三回<br>세 번 가본 적 있다. |
| 趟 | tàng | 사람이나 차의 왕래 횟수를 나타냄<br>(왕복 횟수를 의미함) | 去了一趟北京<br>북경에 한 번 다녀왔다. |
| 下 | xià | 동작의 횟수를 나타내며,<br>비교적 짧고 가벼운 동작에 쓰임 | 等一下<br>좀 기다려. |

연습문제

Ⅰ. 주어진 병음의 한자를 보기에서 선택하고, 전체를 해석하시오.

〈보기〉

| 舌 | 卯 | 胚 | 予 | 聊 | 告 | 缧 | 话 | 治 | 整 | 正 |
|---|---|---|---|---|---|---|---|---|---|---|
| 证 | 还 | 怔 | 耿 | 呸 | 耶 | 预 | 活 | 累 | 适 | 雷 |

(1) 每个星期二和星期四(　　　)有课外(　　　)动。( hái. huó )

　　➡ 전체해석: (　　　　　　　　　　　　　　　　　　　　　　)

(2) 我们一边(　　　)理书本，一边(　　　)了起来。( zhěng. liáo )

　　➡ 전체해석: (　　　　　　　　　　　　　　　　　　　　　　)

(3) 要做的(　　　)习和课后作业太多，我要(　　　)死了。( yù. lèi )

　　➡ 전체해석: (　　　　　　　　　　　　　　　　　　　　　　)

Ⅱ. 한어병음이 바르면 ○, 틀리면 × 하세요.

　　(1) 选课 xiǎnkè (　　　)　　　　　(2) 经常 jīngcháng (　　　)

　　(3) 开始 kāishǐ (　　　)　　　　　(4) 调皮 táopí (　　　)

Ⅲ. 다음 단어들을 어순에 맞게 배열해 보세요.

(1) 汉语 / 她 / 学习 / 也

　　➲ (　　　　　　　　　　　　　　　　　　　　)

(2) 上 / 大学 / 去年 / 的 / 考

　　➲ (　　　　　　　　　　　　　　　　　　　　)

(3) 吧 / 一起 / 那 / 学习 / 我们

　　➲ (　　　　　　　　　　　　　　　　　　　　)

# MEMO

제3과

# 我们的校园

Wǒmen de xiàoyuán

장면 1

A: 今天几月几号?
Jīntiān jǐ yuè jǐ hào?

B: 今天三月二十五号。
Jīntiān sān yuè èrshíwǔ hào.

A: 今天星期几?
Jīntiān xīngqījǐ?

B: 星期一。
Xīngqīyī.

A: 昨天几号?
Zuótiān jǐ hào?

B: 昨天二十四号。
Zuótiān èrshísì hào.

A: 明天星期几?
Míngtiān xīngqījǐ?

B: 明天星期二。
Míngtiān xīngqīèr.

 새 단어

□ 校园 xiàoyuán            캠퍼스. 교정.

□ 号 hào                 일. (날짜를 가리킴)

장면 2

A: 你是留学生吗?
Nǐ shì liúxuéshēng ma?

B: 是。你呢?
Shì. Nǐ ne?

A: 我也是。你是哪国人?
Wǒ yě shì. Nǐ shì nǎguórén?

B: 我是韩国人。你呢?
Wǒ shì Hánguórén. Nǐ ne?

A: 我是美国人。
Wǒ shì měiguórén.

B: 你是哪一年来的?
Nǐ shì nǎ yìnián lái de?

A: 我是去年来的。你呢?
Wǒ shì qùnián lái de. Nǐ ne?

B: 我今年才来。
Wǒ jīnnián cái lái.

 새 단어

□ **留学生** liúxuéshēng      유학생.

□ **哪** nǎ      어느. 어떤. 어디.

□ **美国** Měiguó      미국.

每周五天，礼拜一到礼拜五，我每天都要去学校
Měizhōu wǔ tiān, lǐbàiyī dào lǐbàiwǔ, wǒ měitiān dōu yào qù xuéxiào

上课。首尔大学很漂亮。教学楼、行政楼、图书馆、
shàngkè. Shǒu'ěr dàxué hěn piàoliang. Jiàoxuélóu, xíngzhènglóu, túshūguǎn,

体育馆、食堂之间的距离都不太远。下课后或午间休
tǐyùguǎn, shítáng zhījiān de jùlí dōu bútài yuǎn. Xiàkè hòu huò wǔjiān xiū

息的时候，我们会去看书或运动，让自己更好地放松。
xi de shíhou, wǒmen huì qù kànshū huò yùndòng, ràng zìjǐ gèng hǎo de fàngsōng.

校园一年四季都很美，春天各种小花开遍校园的
Xiàoyuán yìnián sìjì dōu hěn měi, chūntiān gèzhǒng xiǎohuā kāibiàn xiàoyuán de

每个角落，夏天阵雨后空气清新，秋天有红叶，冬天
měige jiǎoluò, xiàtiān zhènyǔ hòu kōngqì qīngxīn, qiūtiān yǒu hóngyè, dōngtiān

有白雪，我喜欢我们的校园。
yǒu báixuě, wǒ xǐhuan wǒmen de xiàoyuán.

听王晓说中国大学生大部分住校。校园里除了宿
Tīng Wángxiǎo shuō Zhōngguó dàxuéshēng dàbùfen zhùxiào. Xiàoyuán li chúle sù

舍以外还有超市、理发店、电影院等很多配套设施，就
shè yǐwài háiyǒu chāoshì, lǐfàdiàn, diànyǐngyuàn děng hěn duō pèitào shèshī, jiù

像一个小城市。我也很想去看看中国大学的校园。
xiàng yí ge xiǎo chéngshì. Wǒ yě hěn xiǎng qù kànkan Zhōngguó dàxué de xiàoyuán.

새 단어

☐ **到** dào      …까지. …에. …로.

☐ **都** dōu      모두. 다. (앞의 사람이나 사물을 총괄함)

☐ **学校** xuéxiào      학교.

☐ **上课** shàngkè      수업하다.

☐ **行政楼** xíngzhènglóu      행정관(行政館). 행정 사무를 보는 건물.

☐ **图书馆** túshūguǎn      도서관.

☐ **体育馆** tǐyùguǎn      체육관.

☐ **食堂** shítáng      (구내)식당. 음식점.

☐ **之间** zhījiān      사이. (한곳에서 다른 곳까지. 또는 한 물체에서 다른 물체까지의 거리나 공간을 말함)

☐ **距离** jùlí      거리. 간격.

☐ **不太** bútài      그다지 …하지 않다.

☐ **远** yuǎn      (거리상) 멀다.

☐ **或** huò      혹은. 또는. 그렇지 않으면.

☐ **午间** wǔjiān      점심때. 정오경.

☐ **休息** xiūxi      휴식(하다).

☐ **时候** shíhou      때. 시각. 무렵.

☐ **会** huì      …할 것이다. …할 가능성이 있다. (가능이나 실현을 나타냄)

| | | |
|---|---|---|
| ☐ **运动** yùndòng | 운동(하다). | |
| ☐ **让** ràng | …하도록 시키다. …하게 하다. …하도록 내버려두다. | |
| ☐ **自己** zìjǐ | 자신. 자기. | |
| ☐ **更** gèng | 더욱. 정도나 수준 따위가 한층 심하거나 높게. | |
| ☐ **放松** fàngsōng | 풀다. (긴장된 상태를 부드럽게 함) | |
| ☐ **一年四季** yìnián sìjì | 일년 내내. 사시사철. | |
| ☐ **美** měi | 아름답다. 곱다. 예쁘다. | |
| ☐ **春天** chūntiān | 봄. 봄철. | |
| ☐ **各种** gèzhǒng | 각종(의). 여러 가지. | |
| ☐ **小花** xiǎohuā | 작은 꽃. 아기 꽃. | |
| ☐ **开遍** kāibiàn | 활짝 피다. 만개(滿開) 하다. | |
| ☐ **角落** jiǎoluò | 구석. 모퉁이. | |
| ☐ **夏天** xiàtiān | 여름. | |
| ☐ **阵雨** zhènyǔ | 소나기. | |
| ☐ **空气** kōngqì | 공기. | |
| ☐ **清新** qīngxīn | 신선하다. 맑고 새롭다. | |
| ☐ **秋天** qiūtiān | 가을. | |
| ☐ **红叶** hóngyè | 단풍. | |
| ☐ **冬天** dōngtiān | 겨울. | |
| ☐ **白雪** báixuě | 흰눈. | |

☐ **大部分** dàbùfen      대부분. 거의 다.

☐ **住校** zhùxiào      학교 안에 살다. 학교의 기숙사에 살다.

☐ **里** li      안. 속. 가운데. 내부. (명사 뒤에 붙어 일정한 공간·시간·범위를 나타냄)

☐ **宿舍** sùshè      기숙사.

☐ **超市** chāoshì      편의점. 슈퍼마켓.

☐ **理发店** lǐfàdiàn      이발소. 이발관.

☐ **电影院** diànyǐngyuàn      영화관.

☐ **等** děng      등. (열거한 사물의 낱낱 또는 집합의 뜻으로 한정함을 나타내는 말)

☐ **配套设施** pèitào shèshī      부대시설. 보조 설비.

☐ **就像** jiùxiàng      마치 …와 같다. …듯하다.

☐ **小城市** xiǎo chéngshì      작은 도시.

☐ **想** xiǎng      바라다. …하고 싶다.

## 구문 설명

### ① 겸어문

한 문장에 두 개 이상의 동사가 있고, 첫 번째 동사의 '목적어'가 두 번째 동사의 '(의미상의) 주어'를 겸하는 문장을 겸어문이라고 한다.

**(1) 기본형**

'주어+술어1+목적어1+술어2+(목적어2)'

### 老师让我学汉语。
Lǎoshī ràng wǒ xué hànyǔ.
선생님은 나에게 중국어를 배우라고 하셨다.

### 我请朋友们来我家吃饭。
wǒ qǐng péngyoumen lái wǒ jiā chīfàn.
나는 친구들에게 우리 집에 와서 밥을 먹으라고 초청했다.

**(2) 겸어문의 특징**

1) 부사와 조동사는 일반적으로 첫 번째 동사 앞에 쓴다.

### 医生不让爸爸抽烟。
Yīshēng bú ràng bàba chōuyān.
의사는 아버지께 담배를 피우지 말라고 했다.

### 妈妈不想让我去日本。
Māma bù xiǎng ràng wǒ qù rìběn.
엄마는 내가 일본에 가는 것을 원치 않으신다.

2) 동태조사 '了'나 '过'는 일반적으로 두 번째 술어 뒤에 쓰며, 일반적으로
동태조사 '着'는 쓰지 않는다.

**我朋友请我吃了饭。**
Wǒ péngyǒu qǐng wǒ chī le fàn.
내 친구가 나에게 밥을 사줬다.

**他请我喝过好几次咖啡。**
Tā qǐng wǒ hē guo hǎo jǐ cì kāfēi.
그는 나에게 여러 번 커피를 사준 적이 있다.

# 알아보기

## 【꽃】

| | | | |
|---|---|---|---|
|  |  |  |  |
| **百合**<br>bǎihé<br>백합 | **勿忘草**<br>wùwàngcǎo<br>물망초 | **君子兰**<br>jūnzǐlán<br>군자란 | **金银花**<br>jīnyínhuā<br>금은화 |
|  |  |  |  |
| **兰花**<br>lánhuā<br>난초 | **罂粟花**<br>yīngsùhuā<br>양귀비꽃 | **玫瑰**<br>méigui<br>장미 | **蝴蝶兰**<br>húdiélán<br>호접란 |
|  |  |  | 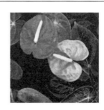 |
| **彼岸花**<br>bǐ'ànhuā<br>돌마늘 | **藏红花**<br>zànghónghuā<br>사프란(saffraan) | **三色堇**<br>sānsèjǐn<br>팬지(pansy) | **红掌**<br>hóngzhǎng<br>안투리움(anthurium) |

【하루의 구분】

| 白天<br>báitiān<br>낮 | | | | 夜里<br>yèli<br>밤 | |
|---|---|---|---|---|---|
| 早上<br>zǎoshang<br>아침 | 上午<br>shàngwǔ<br>오전 | 中午<br>zhōngwǔ<br>정오 | 下午<br>xiàwǔ<br>오후 | 傍晚<br>bàngwǎn<br>해질 무렵 | 晚上<br>wǎnshang<br>저녁 |

**연습문제**

Ⅰ. 주어진 병음의 한자를 보기에서 선택하고, 전체를 해석하시오.

〈보기〉

陈　圆　请　圜　距　巨　阵　李　回　固　矩
晴　享　图　居　车　清　园　青　囵　员　季

(1) 教学楼、行政楼、(　　)书馆、体育馆、食堂之间的(　　)离都不太远。
(　tú. jù　)

　🡒 전체해석: (　　　　　　　　　　　　　　　　　　　　)

(2) 校(　　)一年四(　　)都很美。(　yuán. jì　)

　🡒 전체해석: (　　　　　　　　　　　　　　　　　　　　)

(3) 夏天(　　)雨后空气(　　)新。(　zhèn. qīng　)

　🡒 전체해석: (　　　　　　　　　　　　　　　　　　　　)

Ⅱ. 한어병음이 바르면 ○, 틀리면 ✕ 하세요.

(1) 秋天 qiūtiān (　　)　　　　(2) 宿舍 shùsè (　　)

(3) 角落 jiǎoluò (　　)　　　　(4) 放松 pàngsōng (　　)

Ⅲ. 다음 단어들을 어순에 맞게 배열해 보세요.

(1) 一年 / 来 / 你 / 哪 / 是 / 的

➲ (                                              )

(2) 大部分 / 校 / 中国 / 住 / 大学生

➲ (                                              )

(3) 我们 / 电影院 / 在 / 电影 / 看

➲ (                                              )

# MEMO

# 接受王晓的邀请

Jiēshòu Wángxiǎo de yāoqǐng

장면 1

A: 你家附近有公园吗?
Nǐ jiā fùjìn yǒu gōngyuán ma?

B: 有，我家东边有一个大公园。
Yǒu, wǒ jiā dōngbian yǒu yí ge dà gōngyuán.

A: 你家西边有什么?
Nǐ jiā xībian yǒu shénme?

B: 有一家医院和一家超市。
Yǒu yì jiā yīyuàn hé yì jiā chāoshì.

A: 你家南边有什么?
Nǐ jiā nánbian yǒu shénme?

B: 有一家饭店和一家咖啡厅。
Yǒu yì jiā fàndiàn hé yì jiā kāfēitīng.

A: 你家北边有什么?
Nǐ jiā běibian yǒu shénme?

B: 我家北边有一个地铁站。
Wǒ jiā běibian yǒu yí ge dìtiězhàn.

새 단어

| | | |
|---|---|---|
| ☐ | 接受 jiēshòu | 받아들이다. 수락하다. 받다. |
| ☐ | 邀请 yāoqǐng | 초청[초대](하다). |
| ☐ | 附近 fùjìn | 부근. 근처. |
| ☐ | 公园 gōngyuán | 공원. |
| ☐ | 东边 dōngbian | 동쪽. |
| ☐ | 西边 xībian | 서쪽. |
| ☐ | 家 jiā | 군데. (가정·가게·기업 따위를 세는 단위) |
| ☐ | 医院 yīyuàn | 병원. 의원. |
| ☐ | 南边 nánbian | 남쪽. |
| ☐ | 饭店 fàndiàn | 음식점. 호텔. |
| ☐ | 咖啡厅 kāfēitīng | 커피숍. |
| ☐ | 北边 běibian | 북쪽. |
| ☐ | 地铁站 dìtiězhàn | 지하철 역. |

장면 2

A: 喂, 你找谁?
Wèi, nǐ zhǎo shéi?

B: 请问, 王晓在吗?
Qǐngwèn, Wángxiǎo zài ma?

A: 她现在不在。你可以打她的手机。
Tā xiànzài búzài. Nǐ kěyǐ dǎ tā de shǒujī.

(占线)
zhànxiàn

A: 大堂吗? 请接1038号房间。
Dàtáng ma? Qǐng jiē yāolíngsānbā hào fángjiān.

B: 没人接。
Méi rén jiē.

A: 我可以留言吗? 请她给我回电话,
Wǒ kěyǐ liúyán ma? Qǐng tā gěi wǒ huí diànhuà,

号码是138-4865-9823。
hàomǎ shì yāosānbā-sìbāliùwǔ-jiǔbā'èrsān.

B: 请你过一会儿再打来。
Qǐng nǐ guò yíhuìr zài dǎ lái.

새 단어

□ 喂 wèi　　여보세요. 야. 어이. (부르는 소리)

□ 找 zhǎo　　찾다. 구하다.

□ 请问 qǐngwèn　　잠깐 여쭙겠습니다. 말 좀 물어 봅시다.

□ 现在 xiànzài　　지금. 현재.

□ 打 dǎ　　(어떤 방법을) 쓰다. 하다.

□ 手机 shǒujī　　휴대폰. 핸드폰.

□ 占线 zhànxiàn　　(전화가) 통화중이다.

□ 大堂 dàtáng　　로비. (호텔이나 식당의 중앙 홀)

□ 接 jiē　　연결하다. 잇다.

□ 号 hào　　호. (숫자의 뒤에 쓰여) 배열의 순서를 표시한다.

□ 房间 fángjiān　　객실. 방.

□ 留言 liúyán　　말을 남기다.

□ 给 gěi　　주다.

□ 回 huí　　다시(재차) 처리하다.

□ 电话 diànhuà　　전화.

□ 号码 hàomǎ　　번호.

□ 过一会儿 guò yíhuìr　　잠시 후.

□ 再 zài　　다시. 재차.

今天我和几个朋友去王晓的宿舍玩，她是上个星
Jīntiān wǒ hé jǐ ge péngyou qù Wángxiǎo de sùshè wán, tā shì shàng ge xīng

期邀请我们的。她住在学校的 703 号宿舍里，门上倒
qī yāoqǐng wǒmen de. Tā zhù zài xuéxiào de qīlíngsān hào sùshè li, ménshang dào

贴着一个大红的'福'字，显露出很浓的中国风格。她
tiē zhe yíge dàhóng de 'fú' zì, xiǎnlù chū hěn nóng de Zhōngguó fēnggé. Tā

的宿舍不大，但是干净，明亮。窗边的书桌上摆放着
de sùshè búdà, dànshì gānjìng, míngliàng. Chuāngbiān de shūzhuō shang bǎifàng zhe

电脑、词典和书。床铺很整洁，床头上还有一只可爱
diànnǎo, cídiǎn hé shū. Chuángpù hěn zhěngjié, chuángtóu shang háiyǒu yì zhī kě'ài

的大熊猫玩偶。坐在书桌前，可以看到不远处宁静的
de dàxióngmāo wán'ǒu. Zuò zài shūzhuō qián, kěyǐ kàndào bùyuǎnchǔ níngjìng de

湖面和校园里郁郁葱葱的树木。
húmiàn hé xiàoyuán li yùyùcōngcōng de shùmù.

王晓拿出为我们准备的中国点心，点心的样子像
Wángxiǎo náchū wèi wǒmen zhǔnbèi de Zhōngguó diǎnxin, diǎnxin de yàngzi xiàng

一朵朵桃花，吃在嘴里甜甜的，像她的微笑一样。
yì duǒ duǒ táohuā, chī zài zuǐli tián tián de, xiàng tā de wēixiào yíyàng.

새 단어

☐ **玩** wán                놀다. 놀이하다. 장난하다.

☐ **门上** ménshang        문 위.

☐ **倒** dào               (상하·전후의 위치나 순서가) 거꾸로 되다(하다). 반대로 되다. 뒤집(히)다.

☐ **贴** tiē               붙이다.

☐ **大红** dàhóng          진홍색. 진한 빨강.

☐ **福** fú                복. 행복.

☐ **字** zì                글자. 문자.

☐ **显露** xiǎnlù          (밖으로) 드러내다. 나타내다.

☐ **出** chū               (안에서 밖으로) 나가다(나오다).

☐ **浓的** nóngde          농후한. (어떤 경향이나 기색 따위가 뚜렷하다)

☐ **风格** fēnggé          풍격. (물질적·정신적 창조물에서 보이는 고상하고 아름다운 면모나 모습)

☐ **不大** búdà            크지 않다.

☐ **干净** gānjìng         깨끗하다. 깔끔하다.

☐ **明亮** míngliàng       (빛이) 밝다. 환하다.

☐ **窗边** chuāngbiān      창가. 창문의 가장자리.

☐ **书桌** shūzhuō         책상.

☐ **摆放** bǎifàng         (일정한 장소에) 두다. 놓다.

□ 着 zhe          ···해 있다. ···한 채로 있다. (어느 동작이 끝난 뒤 정지 상태의 지속을 나타냄)

□ 电脑 diànnǎo        컴퓨터.

□ 词典 cídiǎn        사전.

□ 床铺 chuángpù        침대. 침상.

□ 整洁 zhěngjié        단정하고 깨끗하다. 말끔하다.

□ 床头 chuángtóu        침대의 머리맡. 베갯머리.

□ 只 zhī 마리.        (주로 금수(禽獸)를 세는 단위)

□ 大熊猫 dàxióngmāo        판다(panda).

□ 玩偶 wán'ǒu        장난감 인형.

□ 坐 zuò        앉다.

□ 前 qián        앞.

□ 不远处 bùyuǎnchù        멀지 않은 지점(곳).

□ 宁静 níngjìng        (환경·마음 따위가) 편안하다. 조용하다. 평온하다.

□ 湖面 húmiàn        호수의 수면.

□ 郁郁葱葱 yùyùcōngcōng        (초목이) 매우 무성하다. 울창하다.

□ 树木 shùmù        수목. 나무.

□ 拿出 náchū        꺼내다.

□ 为 wèi        ···에게. ···을 위하여. (행위의 대상을 나타냄)

□ 点心 diǎnxin        간식. 가벼운 식사. 과자류 식품.

□ 样子 yàngzi        모양. 꼴. 형태.

☐ **朵** duǒ　　　　　　　　　송이. (꽃·구름 따위를 세는 말)

☐ **桃花** táohuā　　　　　　복숭아꽃.

☐ **吃** chī　　　　　　　　　먹다.

☐ **嘴** zuǐ　　　　　　　　　입의 통칭.

☐ **甜** tián　　　　　　　　　(맛이) 달콤하다. 감미롭다. 달짝지근하다.

☐ **微笑** wēixiào　　　　　미소.

# 구문 설명

**1** 존재를 나타내는 방법

---

**장소 + 有 + 존재하는 사물/사람**

## 书包里**有**两本书。

Shūbāo li yǒu liǎng běn shū.
(가방 안에는 책 두 권이 있습니다.)

## 大树下**有**一条小路。

Dàshù xià yǒu yì tiáo xiǎolù.
(큰 나무 아래에는 오솔길이 있습니다.)

---

**존재하는 사물/사람 + 在 + 장소**

## 书**在**书包里。

Shū zài shūbāo li.
(책은 가방 안에 있습니다.)

## 铅笔**在**橡皮旁边。

Qiānbǐ zài xiàngpí pángbiān.
(연필은 지우개 옆에 있습니다.)

---

**장소 + 是 + 존재하는 사물/사람**

## 门前**是**一条小河。

Ménqián shì yì tiáo xiǎohé.
(문 앞에는 작은 강이 있습니다.)

## 学校后边**是**个超市。

Xuéxiào hòubian shì ge chāoshì.
(학교 뒤에는 슈퍼마켓이 있습니다.)

---

## 2 연동문

한 문장에 두 개 이상의 동사가 연속해서 나오는 문장을 연동문이라고 한다.

### (1) 기본형

'주어+동사1+(목적어1)+동사2+(목적어2)'

**我去商店买面包。**
Wǒ qù shāngdiàn mǎi miànbāo.
나는 빵을 사러 상점에 간다.

**他带孩子去图书馆。**
Tā dài háizi qù túshūguǎn.
그는 아이를 데리고 도서관에 간다.

### (2) 연동문의 특징

1) 부사와 조동사는 일반적으로 첫 번째 동사 앞에 쓴다.

**我们一起去吃牛肉面吧。**
Wǒmen yìqǐ qù chī niúròumiàn ba.
우리 같이 우육면 먹으러 가자.

**妹妹想去中国度假。**
Mèimei xiǎng qù Zhōngguó dùjià.
여동생은 중국에 가서 휴가를 보내고 싶어 한다.

2) 동태조사 '了'나 '过'는 일반적으로 두 번째 동사 뒤에 쓰며, '着'는 첫
   번째 동사 뒤에 쓴다.

### 他去书店买了两本书。

Tā qù shūdiàn mǎi le liǎng běn shū.
그는 서점에 가서 책 두 권을 샀다.

### 他陪父母去过台湾。

Tā péi fùmǔ qù guo táiwān.
그는 부모님을 모시고 대만에 간 적이 있다.

### 爷爷坐着看书。

Yéye zuò zhe kàn shū.
할아버지는 앉아서 책을 보고 계신다.

# 알아보기

## 【년 · 방 · 버스 · 전화 번호】

| | |
|---|---|
| 2009年<br>èr líng líng jiǔ nián | 서기 몇 년이라 할 때는<br>숫자를 하나씩 읽는다. |
| 716号房间<br>qī yāo liù hào fángjiān | |
| 51路 公共汽车<br>wǔshí yī lù gōnggòngqìchē | 방·버스·전화번호에서 숫자 1의 발음은<br>'yī' 대신 보통 'yāo'로 읽는다.<br>단, 방·버스에서 100 이하의 숫자 1의<br>발음은 그냥 'yī'로 읽는다. |
| 101路 公共汽车<br>yāo líng yāo lù gōnggòngqìchē | |
| 6218-1689<br>liù èr yāo bā - yāo liù bā jiǔ | |

☞ 公共汽车 = 巴士 bāshì

**연습문제**

Ⅰ. 주어진 병음의 한자를 보기에서 선택하고, 전체를 해석하시오.

〈보기〉

遍　要　边　猩　枝　腥　潮　描　职　猫　沥

邀　遥　支　星　超　怊　苗　侥　只　瞄　织

(1) 她是上个(　　　)期(　　　)请我们的。( xīng. yāo )

　　⊃ 전체해석: (　　　　　　　　　　　　　　　　　　　　　)

(2) 学校后(　　　)是个(　　　)市。( bian. chāo )

　　⊃ 전체해석: (　　　　　　　　　　　　　　　　　　　　　)

(3) 床头上还有一(　　　)可爱的大熊(　　　)玩偶。( zhī. māo )

　　⊃ 전체해석: (　　　　　　　　　　　　　　　　　　　　　)

Ⅱ. 한어병음이 바르면 ○, 틀리면 × 하세요.

(1) 贴 tiē (　　　)　　　　　　(2) 显露 xiǎnrù (　　　)

(3) 湖面 húmiàn (　　　)　　　　(4) 桃花 táohuā (　　　)

Ⅲ. 다음 단어들을 어순에 맞게 배열해 보세요.

(1) 上 / 窗边 / 的 / 书桌 / 电脑 / 着 / 摆放

　➲ (　　　　　　　　　　　　　　　　　　　)


(2) 一个 / 北边 / 家 / 地铁站 / 我 / 有

　➲ (　　　　　　　　　　　　　　　　　　　)


(3) 过 / 请 / 你 / 再 / 一会儿 / 来 / 打

　➲ (　　　　　　　　　　　　　　　　　　　)

# MEMO

# 在图书馆学习

Zài túshūguǎn xuéxí

A: 王晓，你去哪儿?
Wángxiǎo, nǐ qù nǎr?

B: 我去图书馆。
Wǒ qù túshūguǎn.

A: 你去借书吗?
Nǐ qù jièshū ma?

B: 对，借书，也还书。
Duì, jièshū, yě huánshū.

A: 你常常去图书馆吗?
Nǐ chángcháng qù túshūguǎn ma?

B: 常去。我常常在那儿看书，有时候查资料。你呢?
Cháng qù. Wǒ chángcháng zài nàr kànshū, yǒushíhòu chá zīliào. Nǐ ne?

A: 我不常去。
Wǒ bùcháng qù.

B: 今天想跟我一起去吗?
Jīntiān xiǎng gēn wǒ yìqǐ qù ma?

A: 好吧，我也去借几本书。
Hǎoba, wǒ yě qù jiè jǐ běn shū.

새 단어

☐ **借书** jièshū　　　　책을 빌리다(대출하다).

☐ **还书** huánshū　　　　책을 반납하다.

☐ **对** duì　　　　맞다. 그렇다. 옳다.

☐ **常常** chángcháng　　　　늘. 항상. 수시로. 언제나. 자주. 흔히. 종종.

☐ **有时候** yǒushíhòu　　　　때로(는). 경우에 따라서(는). 이따금. 간혹. 어떤 때.

☐ **查** chá　　　　찾아보다. 들추어 보다.

☐ **资料** zīliào　　　　자료.

☐ **跟** gēn　　　　…와[과]. (동작의 대상을 이끌 때 쓰임)

A: 你好，请问去图书馆怎么走?
Nǐhǎo, qǐngwèn qù túshūguǎn zěnme zǒu?

B: 一直往前走，第一个路口向左拐。
Yìzhí wǎng qián zǒu, dìyī ge lùkǒu xiàng zuǒguǎi.

A: 从这里到图书馆有多远?
Cóng zhèli dào túshūguǎn yǒu duōyuǎn?

B: 不远，大约两百米。
Bù yuǎn, dàyuē liǎngbǎi mǐ.

A: 谢谢!
Xièxie!

B: 不客气。
Búkèqì.

새 단어

☐ **走** zǒu                         가다.

☐ **一直** yìzhí                     똑바로. 곧바로.

□ **往** wǎng　　　　　　　(…로) 향하다.

□ **第** dì　　　　　　　　제. (수사 앞에 쓰여 순서를 나타냄)

□ **路口** lùkǒu　　　　　　길목. 갈림길.

□ **向** xiàng　　　　　　　(앞을) 향하다.

□ **左拐** zuǒguǎi　　　　　왼쪽으로 돌다. 좌회전하다.

□ **从** cóng　　　　　　　…부터. (장소·시간의 출발점을 나타냄)

□ **大约** dàyuē　　　　　　대략. 대강. 얼추.

□ **两百米** liǎngbǎi mǐ　　　200미터.

□ **不客气** búkèqi　　　　　천만에요. 별말씀을요.

首尔大学的图书馆是一栋六层的白色建筑，是我
Shǒu'ěr dàxué de túshūguǎn shì yī dòng liùcéng de báisè jiànzhù, shì wǒ

很喜欢、常常去的地方。一楼可以借书还书，也可以
hěn xǐhuan, chángcháng qù de dìfang. Yì lóu kěyǐ jièshū huánshū, yě kěyǐ

看报刊杂志。二楼到六楼分别存放着各个领域的图书，
kàn bàokān zázhì. Èr lóu dào liù lóu fēnbié cúnfàng zhe gège lǐngyù de túshū,

可以在那里阅读和学习。这个星期学校有考试，今天
kěyǐ zài nàli yuèdú hé xuéxí. Zhège xīngqī xuéxiào yǒu kǎoshì, jīntiān

图书馆里同学特别多。
túshūguǎn li tóngxué tèbié duō.

我看到王晓也在，她坐在那里正在打哈欠呢，可
Wǒ kàndao Wángxiǎo yě zài, tā zuòzài nàli zhèngzài dǎhāqian ne, kě

能是学习时间太长累了。我马上去自动售货机买了咖
néng shì xuéxí shíjiān tài cháng lèi le. Wǒ mǎshàng qù zìdòng shòuhuòjī mǎi le kā

啡走过去递给她。她抬头一看是我，眨着湿润的眼睛
fēi zǒu guòqù dìgěi tā. Tā táitóu yí kàn shì wǒ, zhǎ zhe shīrùn de yǎnjing

笑了。
xiào le.

| | | |
|---|---|---|
| ☐ | **栋** dòng | 동(棟). 채. (집채를 세는 말) |
| ☐ | **层** céng | 층. 겹. 벌. (중첩되거나 쌓여 있는 것에 사용함) |
| ☐ | **白色** báisè | 백색. 흰빛. |
| ☐ | **建筑** jiànzhù | 건(축)물. |
| ☐ | **地方** dìfang | 장소. 곳. 공간의 일부분. |
| ☐ | **报刊** bàokān | 신문·잡지 등의 간행물. |
| ☐ | **杂志** zázhì | 잡지. |
| ☐ | **分别** fēnbié | 각각. 따로따로. |
| ☐ | **存放** cúnfàng | (돈이나 물품을) 맡겨서 보관하여 두다. |
| ☐ | **各个** gègè | 각각(의). 하나하나(씩). |
| ☐ | **领域** lǐngyù | 분야. 영역. |
| ☐ | **那里** nàli | 그곳. 저곳. |
| ☐ | **阅读** yuèdú | 열람하다. 열독하다. 읽다. |
| ☐ | **考试** kǎoshì | 시험(을 치다). |
| ☐ | **特别** tèbié | 특히. 각별히. 유달리. 아주. |
| ☐ | **正在** zhèngzài | 마침[한창] (…하고 있는 중이다). 바야흐로. (동작의 진행이나 지속을 나타냄) |
| ☐ | **哈欠** hāqian | 하품. |
| ☐ | **可能** kěnéng | 아마도. 아마 (…일지도 모른다). |

☐ **时间** shíjiān        시간.

☐ **太** tài        너무.

☐ **长** cháng        길다.

☐ **累** lèi        지치다. 피로하다. 피곤하다.

☐ **马上** mǎshàng        곧. 즉시.

☐ **自动售货机** zìdòng shòuhuòjī    자동판매기.

☐ **买** mǎi 사다.        구입하다.

☐ **走过去** zǒu guòqù        다가가다.

☐ **递给** dìgěi        건네(주)다. 내주다.

☐ **抬头** táitóu        고개 들다.

☐ **眨** zhǎ        (눈을) 깜박거리다. 깜짝이다.

☐ **湿润** shīrùn        촉촉하다. 물기가 있어 조금 젖은 듯하다.

☐ **眼睛** yǎnjing        눈의 통칭.

# 구문 설명

### 1 조동사 '可以'

1) '~해도 된다'라는 의미로, 허가를 나타낸다.

**你写完作业的话，<u>可以</u>出去玩儿。**

Nǐ xiěwán zuòyè de huà, kěyǐ chūqù wánr.
너는 숙제를 다 하면, 나가 놀아도 된다.

2) '~할 수 있다'라는 의미로, 가능을 나타낸다.

**他好多了，今天<u>可以</u>出院。**

Tā hǎoduō le, jīntiān kěyǐ chūyuàn.
그는 많이 나아서, 오늘 퇴원할 수 있다.

### 2 결과보어

결과보어는 술어 뒤에서 동작이나 상태의 결과를 나타내는 보어로, 결과보어로 쓰인 '到'는 다음 두 가지 의미를 나타낸다.

1) 동작이 일정한 정도나 결과에 도달했음을 나타낸다.

**我们学<u>到</u>第五课了。**

Wǒmen xuédào dì wǔkè le.
우리는 5과까지 배웠다.

**我们走到天安门了。**

Wǒmen zǒudào tiān'ānmén le.

우리는 천안문까지 걸어갔다.

2) 목적을 달성했음을 나타낸다.

**我们找到她了。**

Wǒmen zhǎodào tā le.

우리는 그녀를 찾았다.

# 알아보기

## 【색깔】

| | | |
|---|---|---|
| **红色**<br>hóngsè<br>빨강색 | **橙色**<br>chéngsè<br>주황색 | **黄色**<br>huángsè<br>노랑색 |
| **绿色**<br>lǜsè<br>초록색 | **蓝色**<br>lánsè<br>파랑색 | **靛色**<br>diànsè<br>남색 |
| **紫色**<br>zǐsè<br>자색 | **黑色**<br>hēisè<br>검정색 | **灰色**<br>huīsè<br>회색 |
| **白色**<br>báisè<br>흰색 | **粉红色**<br>fěnhóngsè<br>분홍색 | **乳白色**<br>rǔbáisè<br>유백색 |
| **肉色**<br>ròusè<br>살색 | **棕色**<br>zōngsè<br>고동색 | **褐色**<br>hèsè<br>갈색 |

# 【시험】

| | |
|---|---|
| **口试**<br>kǒushì<br>구술(구두) 시험 | **笔试**<br>bǐshì<br>필기시험 |
| **小测验**<br>xiǎo cèyàn<br>쪽지 시험 | **高考**<br>gāokǎo<br>(중국의) 대학 입학시험 |
| **期中考试**<br>qīzhōng kǎoshì<br>중간고사 | **期末考试**<br>qīmò kǎoshì<br>기말고사 |
| **汉语水平考试**<br>hànyǔ shuǐpíng kǎoshì<br>중국어 능력 시험(HSK) | **托福考试**<br>tuōfú kǎoshì<br>토플(TOEFL) |

# 연습문제

Ⅰ. 주어진 병음의 한자를 보기에서 선택하고, 전체를 해석하시오.

〈보기〉

| 台 | 栋 | 僚 | 侗 | 抬 | 楂 | 轧 | 秘 | 动 | 建 | 东 |
| 冻 | 键 | 见 | 眨 | 胎 | 查 | 扎 | 健 | 茶 | 料 | 跆 |

(1) 我常常在那儿看书，有时候(　　　)资(　　　)。( chá. liào )

　　➪ 전체해석: (　　　　　　　　　　　　　　　　　　)

(2) 首尔大学的图书馆是一(　　　)六层的白色(　　　)筑。( dòng. jiàn )

　　➪ 전체해석: (　　　　　　　　　　　　　　　　　　)

(3) 她(　　　)头一看是我，(　　　)着湿润的眼睛笑了。( tái. zhǎ )

　　➪ 전체해석: (　　　　　　　　　　　　　　　　　　)

Ⅱ. 한어병음이 바르면 ○, 틀리면 ✕ 하세요.

(1) 橙色 chénsè (　　　)　　　　(2) 阅读 yuèdú (　　　)

(3) 领域 lǐnyù (　　　)　　　　(4) 售货机 shuòhuòjī (　　　)

Ⅲ. 다음 단어들을 어순에 맞게 배열해 보세요.

    (1) 也 / 我 / 书 / 借 / 本 / 几 / 去

       ➲ (                                      )

    (2) 远 / 这里 / 有 / 图书馆 / 到 / 多 / 从

       ➲ (                                      )

    (3) 她 / 那里 / 在 / 坐 / 打哈欠 / 正在 / 呢

       ➲ (                                      )

# 一起吃午饭

Yìqǐ chī wǔfàn

**A:** 小姐，请坐! 你想吃点儿什么？
Xiǎojie, qǐng zuò! Nǐ xiǎng chī diǎnr shénme?

**B:** 我想要一个菜和一点儿米饭。
Wǒ xiǎng yào yíge cài hé yìdiǎnr mǐfàn.

**A:** 这本菜单上有很多菜。你看你喜欢哪个？
Zhè běn càidān shàng yǒu hěn duō cài. Nǐ kàn nǐ xǐhuan nǎge?

**B:** 这个菜怎么样？
Zhège cài zěnmeyàng?

**A:** 很多人都喜欢这个菜。
Hěn duō rén dōu xǐhuan zhège cài.

**B:** 我要一个。
Wǒ yào yíge.

**A:** 好。请问你想喝点儿什么？
Hǎo. Qǐngwèn nǐ xiǎng hē diǎnr shénme?

**B:** 我要一杯水。谢谢你!
Wǒ yào yì bēi shuǐ. Xièxie nǐ!

**A:** 不客气!
Búkèqi!

새 단어

- 小姐 xiǎojie　　　아가씨.

- 菜 cài　　　요리.

- 米饭 mǐfàn　　　쌀밥.

- 菜单 càidān　　　식단. 메뉴.

- 喜欢 xǐhuan　　　좋아하다. 마음에 들다.

- 喝 hē　　　마시다.

- 杯 bēi　　　잔.

- 水 shuǐ　　　물.

장면 2

A: 请问，您要什么？
   Qǐngwèn, nín yào shénme?

B: 我要一碗面条儿。
   Wǒ yào yì wǎn miàntiáor.

A: 您要大碗的还是小碗的？
   Nín yào dàwǎn de háishi xiǎowǎn de?

B: 小碗的。
   Xiǎowǎn de.

A: 辣的还是不辣的？
   Là de háishi búlà de?

B: 辣的。再要一杯豆浆。
   Là de. Zài yào yì bēi dòujiāng.

A: 要热的还是凉的？
   Yào rè de háishi liáng de?

B: 热的。
   Rè de.

A: 一共六十块。现金还是刷卡？
   Yígòng liùshí kuài. Xiànjīn háishi shuākǎ?

B: 刷卡。
   Shuākǎ.

새 단어

☐ **碗** wǎn　　　　　　　공기. 그릇.

☐ **面条儿** miàntiáor　　국수. 면. 면발.

☐ **辣** là　　　　　　　　맵다. 아리다. 얼얼하다.

☐ **豆浆** dòujiāng　　　　두유. 콩국.

☐ **热** rè　　　　　　　　뜨겁다.

☐ **凉** liáng　　　　　　　차갑다.

☐ **一共** yígòng　　　　　전부. 모두. 합계.

☐ **块** kuài　　　　　　　원. (중국의 화폐 단위인 '元'에 해당함)

☐ **现金** xiànjīn　　　　　현금.

☐ **刷卡** shuākǎ　　　　　카드로 결제하다.

学校教学楼地下一层的学生食堂虽然饭菜种类不
Xuéxiào jiàoxuélóu dìxià yìcéng de xuésheng shítáng suīrán fàncài zhǒnglèi bù

多，但是价格便宜，量多，味道还算可以，我一般在
duō, dànshì jiàgé piányi, liàng duō, wèidao háisuàn kěyǐ, wǒ yìbān zài

那里吃午饭。不方便的是需要排队等很久。有一天要跟王
nàli chī wǔfàn. Bùfāngbiàn de shì xūyào páiduì děng hěn jiǔ. Yǒu yì tiān yào gēn Wáng

晓一起吃午饭，她看着长长的队伍说："我们今天买杯
xiǎo yìqǐ chī wǔfàn, tā kànzhe cháng cháng de duìwu shuō: "wǒmen jīntiān mǎi bēi

面吃吧。" 我说好。我们就去自动售货机买了杯面和韩国
miàn chī ba." Wǒ shuō hǎo. Wǒmen jiù qù zìdòng shòuhuòjī mǎi le bēimiàn hé Hánguó

辛奇。去开水房泡好面，我们走到学校草地边的长椅
xīnqí. Qù kāishuǐfáng pào hǎo miàn, wǒmen zǒu dào xuéxiào cǎodì biān de chángyǐ

那里，坐下来悠闲地吃了午饭。杯面和韩国辛奇都比较
nàli, zuòxia lái yōuxiánde chī le wǔfàn. Bēimiàn hé Hánguó xīnqí dōu bǐjiào

辣，王晓辣得脸都红了，可她说虽然辣但是非常好吃，
là, Wángxiǎo là de liǎn dōu hóng le, kě tā shuō suīrán là dànshì fēicháng hǎochī,

她说她越来越喜欢韩国的饭菜，也越来越喜欢韩国了。
tā shuō tā yuèláiyuè xǐhuan Hánguó de fàncài, yě yuèláiyuè xǐhuan Hánguó le.

새 단어

| | | |
|---|---|---|
| ☐ | **午饭** wǔfàn | 점심(밥). |
| ☐ | **地下** dìxià | 지하. 땅밑. |
| ☐ | **饭菜** fàncài | 음식. 밥과 찬. 식사. |
| ☐ | **种类** zhǒnglèi | 종류. |
| ☐ | **价格** jiàgé | 가격. |
| ☐ | **便宜** piányi | (값이) 싸다. 저렴하다. |
| ☐ | **量** liàng | 양. 분량. 수량. |
| ☐ | **味道** wèidao | 맛. |
| ☐ | **还算** háisuàn | 그런대로. 그나마. 그럭저럭. |
| ☐ | **一般** yìbān | 보통이다. 일반적이다. |
| ☐ | **不方便** bùfāngbiàn | 불편하다. 거북하다. |
| ☐ | **需要** xūyào | …해야 한다. |
| ☐ | **排队** páiduì | 줄지어 서다. 늘어서다. 정렬하다. 열을 짓다. |
| ☐ | **久** jiǔ | 오래다. (시간이) 길다. |
| ☐ | **队伍** duìwu | 줄. 대열. 대오. |
| ☐ | **杯面** bēimiàn | 컵라면. |
| ☐ | **辛奇** xīnqí | 한국 김치. |
| ☐ | **开水房** kāishuǐfáng | 탕비실. |

□ **泡** pào      끓이다. 익히다.

□ **草地** cǎodì      잔디(밭).

□ **边** biān      주위. 근방.

□ **长椅** chángyǐ      벤치. 여러 사람이 함께 앉을 수 있는 긴 의자.

□ **悠闲** yōuxián      느긋하다. 한가롭다.

□ **比较** bǐjiào      비교적.

□ **脸** liǎn      얼굴.

□ **非常** fēicháng      대단히. 아주. 몹시. 훨씬.

□ **越来越** yuèláiyuè      점점. 갈수록. 더욱더.

# 구문 설명

## ① 정도보어

정도보어는 술어가 도달한 정도나 상태를 나타내는 보어로, 기본 형식은 '술어+得+정도보어'이다. 이때 정도보어는 주로 '정도부사+형용사'로 구성된다.

**他唱得很好。**
Tā chàng de hěn hǎo.
그는 잘 부른다.

**他说得很好。**
Tā shuō de hěn hǎo.
그는 말을 잘한다.

술어로 쓰인 동사가 목적어를 취할 때는 '(동사)+목적어+동사+得+정도보어' 형식으로 쓰인다.

**他(唱)歌儿唱得很好。**
Tā (chàng) gēr chàng de hěn hǎo.
그는 노래를 잘 부른다.

**他(说)汉语说得很好。**
Tā (shuō) hànyǔ shuō de hěn hǎo.
그는 중국어를 잘한다.

# 알아보기

## 【음식】

| | | |
|---|---|---|
| **拌饭**<br>bànfàn<br>비빔밥 | **蛋炒饭**<br>dànchǎofàn<br>계란 볶음밥 | **石锅拌饭**<br>shíguōbànfàn<br>돌솥비빔밥 |
| **紫菜包饭**<br>zǐcàibāofàn<br>김밥 | **鱿鱼盖饭**<br>yóuyúgàifàn<br>오징어덮밥 | **咖哩盖饭**<br>gālígàifàn<br>카레덮밥 |
| **蘑菇火锅**<br>móguhuǒguō<br>버섯전골 | **海鲜蘑菇火锅**<br>hǎixiānmóguhuǒguō<br>해물버섯전골 | **炖牛排骨**<br>dùn niú páigǔ<br>소갈비찜 |
| **参鸡汤**<br>shēnjītāng<br>삼계탕 | **鲍鱼参鸡汤**<br>bàoyúcshēnjītāng<br>전복삼계탕 | **海鲜葱饼**<br>hǎixiāncōngbǐng<br>해물파전 |
| **嫩豆腐锅**<br>nèn dòufu guō<br>순두부찌개 | **豆芽汤饭**<br>dòuyátāngfàn<br>콩나물 국밥 | **海带汤**<br>hǎidàitāng<br>미역국 |

# 연습문제

Ⅰ. 주어진 병음의 한자를 보기에서 선택하고, 전체를 해석하시오.

〈보기〉

| | | | | | | | | | |
|格|派|排|便|量|工|唰|咯|刷|胳|
|里|更|梗|各|共|别|拱|剧|两|俳|埂|

(1) 不方(　　)的是需要(　　)队等很久。( biàn. pái )

　⮕ 전체해석: (　　　　　　　　　　　　　　　　　　　　　)

(2) 一(　　)六十块。现金还是(　　)卡? ( gòng. shuā )

　⮕ 전체해석: (　　　　　　　　　　　　　　　　　　　　　)

(3) 价(　　)便宜, (　　)多, 味道还算可以。( gé. liàng )

　⮕ 전체해석: (　　　　　　　　　　　　　　　　　　　　　)

Ⅱ. 한어병음이 바르면 ○, 틀리면 × 하세요.

(1) 菜单 chàidān (　　　)　　　　(2) 种类 zǒnglèi (　　　)

(3) 草地 cǎodì　(　　　)　　　　(4) 悠闲 yōuxián (　　　)

Ⅲ. 다음 단어들을 어순에 맞게 배열해 보세요.

(1) 有 / 菜单 / 这本 / 菜 / 上 / 很多

   ⊃ (                                    )


(2) 午饭 / 吃着 / 悠闲地 / 来 / 坐下

   ⊃ (                                    )


(3) 韩国 / 饭菜 / 越来越 / 的 / 喜欢

   ⊃ (                                    )

# 乒乓球比赛

Pīngpāngqiú bǐsài

장면 1

A: 我们应该多运动运动。
Wǒmen yīnggāi duō yùndòng yùndòng.

B: 是啊，我想身材变好点，选哪项呢？
Shì a, wǒ xiǎng shēncái biàn hǎodiǎn, xuǎn nǎ xiàng ne?

A: 游泳怎么样？
Yóuyǒng zěnmeyàng?

B: 啊，我怕水。
A, wǒ pà shuǐ.

A: 那滑雪呢？
Nà huáxuě ne?

B: 不行啊，我怕摔断腿。
Bùxíng a, wǒ pà shuāi duàn tuǐ.

A: 好吧，骑自行车呢？
Hǎo ba, qí zìxíngchē ne?

B: 更不行，会被汽车撞上的。
Gèng bùxíng, huì bèi qìchē zhuàng shang de.

A: 那你说说什么运动安全！
Nà nǐ shuōshuo shénme yùndòng ānquán!

B: 跳伞怎么样？
Tiàosǎn zěnmeyàng?

새 단어

| | | |
|---|---|---|
| ☐ | **应该** yīnggāi | 마땅히 …해야 한다. (…하는 것이) 마땅하다. |
| ☐ | **运动** yùndòng | 운동하다. |
| ☐ | **啊** a | …말이야. (의문의 어기를 나타냄) |
| ☐ | **身材** shēncái | 몸매. 체격. |
| ☐ | **好点** hǎodiǎn | 나아지다. |
| ☐ | **项** xiàng | 가지. 항(목). 조목. 조항. |
| ☐ | **游泳** yóuyǒng | 수영(하다). |
| ☐ | **怕** pà | 무서워하다. 걱정이 되다. |
| ☐ | **滑雪** huáxuě | 스키를 타다. |
| ☐ | **不行** bùxíng | (허락할 수 없다는 뜻으로) 안 된다. |
| ☐ | **摔** shuāi | (몸이 중심을 잃고) 넘어지다. 자빠지다. 엎어지다. 쓰러지다. |
| ☐ | **断** duàn | (두 도막 또는 몇 도막으로) 자르다. 끊다. |
| ☐ | **腿** tuǐ | 다리. |
| ☐ | **骑** qí | (동물이나 자전거 등에 다리를 벌리고) 올라타다. (걸터) 타다. |
| ☐ | **自行车** zìxíngchē | 자전거. |
| ☐ | **更** gèng | 더욱. 일층 더. |
| ☐ | **被** bèi | 입다. 받다. 당하다. |
| ☐ | **撞** zhuàng | 부딪치다. 충돌하다. |
| ☐ | **安全** ānquán | 안전. |
| ☐ | **跳伞** tiàosǎn | 스카이다이빙하다. 낙하산으로 뛰어 내리다. |

A: 你最喜欢什么运动？
Nǐ zuì xǐhuan shénme yùndòng?

B: 呃……很难说。
Ē …… hěn nánshuō.

A: 那你看体育频道吗？
Nà nǐ kàn tǐyù píndào ma?

B: 嗯，我经常看篮球节目。
Èng, wǒ jīngcháng kàn lánqiú jiémù.

A: 那你肯定很喜欢篮球了？
Nà nǐ kěndìng hěn xǐhuan lánqiú le?

B: 不喜欢，实际上我讨厌它。
Bù xǐhuan, shíjìshang wǒ tǎoyàn ta.

A: 那你为什么老看篮球节目？
Nà nǐ wèishénme lǎo kàn lánqiú jiémù?

B: 总比足球好看点吧。
Zǒng bǐ zúqiú hǎokàn diǎn ba.

새 단어

☐ **最** zuì　　　　　　가장. 제일.

☐ **呃** ē　　　　　　(더듬거리며 우물쭈물하는 말투로) 에.

☐ **体育** tǐyù　　　　　체육.

☐ **频道** píndào　　　　채널.

☐ **嗯** èng　　　　　　응. 그래. (허락이나 대답을 나타냄)

☐ **篮球** lánqiú　　　　농구.

☐ **节目** jiémù　　　　　종목. 프로그램.

☐ **肯定** kěndìng　　　　확실히. 틀림없이. 반드시.

☐ **实际上** shíjìshang　　사실상. 실제로.

☐ **讨厌** tǎoyàn　　　　싫어하다.

☐ **老** lǎo　　　　　　오래. 오래도록. 늘. 항상. 언제나.

☐ **总** zǒng　　　　　　대체로. 대개. 전체적으로 보아.

☐ **比** bǐ　　　　　　…에 비하여. …보다. (정도의 차이를 비교할 때 사용됨)

☐ **足球** zúqiú　　　　　축구.

学校举办乒乓球比赛，每个年级每个系都有代表
Xuéxiào jǔbàn pīngpāngqiú bǐsài, měige niánjí měige xì dōu yǒu dàibiǎo

参加。王晓和我代表经营系一年级出战。为了这次对
cānjiā. Wángxiǎo hé wǒ dàibiǎo jīngyíngxì yī niánjí chūzhàn. Wéile zhècì duì

抗赛，我们利用课余空闲时间一起练习。今天比赛的
kàngsài, wǒmen lìyòng kèyú kōngxián shíjiān yìqǐ liànxí. Jīntiān bǐsài de

时候，我们充分发挥了平时练习的技巧，赢得了比赛，
shíhou wǒmen chōngfèn fāhuī le píngshí liànxí de jìqiǎo, yíngdé le bǐsài,

比分是2比1。对于这次胜利，系里的同学们向我们的
bǐfèn shì èr bǐ yī. Duìyú zhècì shènglì, xì li de tóngxuémen xiàng wǒmen de

胜利报以了热烈的掌声。
shènglì bàoyǐ le rèliè de zhǎngshēng.

通过这次比赛，让我明白了运动不仅能让身体健
Tōngguò zhècì bǐsài, ràng wǒ míngbai le yùndòng bùjǐn néng ràng shēntǐ jiàn

康，还能与同学们建立更好的关系，是很必不可少的
kāng, hái néng yǔ tóngxuémen jiànlì gèng hǎo de guānxi, shì hěn bì bù kě shǎo de

活动。
huódong.

새 단어

| | | |
|---|---|---|
| ☐ **乒乓球** pīngpāngqiú | 탁구. | |
| ☐ **比赛** bǐsài | 시합(하다). | |
| ☐ **举办** jǔbàn | 행하다. 거행하다. 개최하다. | |
| ☐ **球** qiú | 공. | |
| ☐ **代表** dàibiǎo | 대표. | |
| ☐ **参加** cānjiā | (어떤 모임이나 일에) 참가하다. 참여하다. | |
| ☐ **出战** chūzhàn | 출전하다. 나가서 싸우다. | |
| ☐ **为了** wèile | …를 위하여. (목적을 나타냄) | |
| ☐ **这次** zhècì | 이번. 금회. | |
| ☐ **对抗赛** duìkàngsài | 대항전. | |
| ☐ **利用** lìyòng | 이용(하다). 활용(하다). | |
| ☐ **课余** kèyú | 과외. (정해진 학과 과정이나 근무 시간 이외) | |
| ☐ **空闲** kòngxián | 여가. 짬. 틈. 겨를. | |
| ☐ **练习** liànxí | 연습하다. 익히다. | |
| ☐ **时候** shíhou | 때. 시각. 무렵. | |
| ☐ **充分** chōngfèn | 충분히. 완전히. 십분. | |
| ☐ **发挥** fāhuī | 발휘하다. | |
| ☐ **平时** píngshí | 보통 때. 평소. 평상시. | |

☐ **技巧** jìqiǎo      기술. 솜씨. 테크닉. 기교.

☐ **赢得** yíngdé      이기다. 승리를 얻다.

☐ **比分** bǐfēn      (경기의) 득점. 스코어.

☐ **比** bǐ      (경기 점수의) 대.

☐ **对于** duìyú      …에 대하여.

☐ **胜利** shènglì      승리(하다).

☐ **向** xiàng      …에. …에게. (행동의 대상을 가리킴)

☐ **报以** bàoyǐ      보내다.

☐ **热烈** rèliè      열정적으로. 열렬히.

☐ **掌声** zhǎngshēng      박수 소리.

☐ **通过** tōngguò      …을(를) 통하다. …에 의하다. …을(를) 거치다.

☐ **明白** míngbai      이해하다. 알다. 명확하다.

☐ **不仅** bùjǐn      …일 뿐만 아니라.

☐ **身体** shēntǐ      신체. 몸.

☐ **健康** jiànkāng      (몸이) 건강(하다).

☐ **建立** jiànlì 맺다.      이루다. 형성하다. 세우다. 확립하다.

☐ **关系** guānxi      (사람과 사람 또는 사람과 사물 사이의) 관계.

☐ **必不可少** bì bù kě shǎo      없어서는 안 된다. 반드시 필요하다.

☐ **活动** huódong      활동.

# 구문 설명

## 1 전치사

　전치사는 중국어로 개사(介詞)라고 하며, 일반적으로명사나 대명사와 함께 쓰여 주로 술어(동사나 형용사) 앞에 위치한다. 일부 전치사는 문장 맨 앞에 놓일 수 있다.

**1) '向'**
　'向'은 '～을 향해서', '～로[동작/이동방향]' 라는 의미로 주로 다음과 같이 쓰인다.

　① '向+명사+동사' [고정된 상태에서의 방향을 나타냄]

### 门**向**南开着。
Mén xiàng nán kāi zhe.
문이 남쪽을 향해 열려있다.

　② '向+명사+동사(跑, 走)' [이동]

### 你**向**前走。
Nǐ xiàng qián zǒu.
너는 앞을 향해 가라.

　③ '向+명사+신체 관련 동사(打招呼, 点头, 摆手, 挥手)'

### 他**向**我点点头。
Tā xiàng wǒ diǎndiǎn tóu.
그가 나를 향해 고개를 끄덕인다.

④ '向+명사+추상동사(介绍, 学习, 说明)'

**我向他学习。**
Wǒ xiàng tā xuéxí.
나는 그에게(서) 배운다.

**2) '为了'**

'为了'는 '~을(를) 위해(서)'라는 의미로, '행위의 목적'을 이끌어 내는 데
사용하며, 주로 문장 맨 앞에 온다.

**为了写完这本书，我付出了极大的努力。**
Wèile xiěwán zhè běn shū, wǒ fùchū le jídà de nǔlì.
이 책을 다 쓰기 위해서, 나는 엄청나게 많은 노력을 기울였다.

**为了大家的安全，请大家赶快离开这里。**
Wèile dàjiā de ānquán, qǐng dàjiā gǎnkuài líkāi zhèli.
모두의 안전을 위해, 모두들 어서 이 곳을 피하세요.

**3) '对于'**

'对于'는 '~에 대하여'라는 의미로, 주로 '일이나 태도와 관련된 대상'을
이끌어 내는 데 사용한다.

**对于我们的学习方法，老师很满意。**
Duìyú wǒmen de xuéxí fāngfǎ, lǎoshī hěn mǎnyì.
우리의 공부 방법에 대해 선생님은 만족하신다.

**对于这个工作，他一直不太喜欢。**
Duìyú zhè ge gōngzuò, tā yìzhí bú tài xǐhuan.
이 일에 대해 그는 줄곧 그다지 좋아하지 않았다.

## 알아보기

### 【스포츠】

| 羽毛球<br>yǔmáoqiú<br>배드민턴 | 高尔夫球<br>gāo'ěrfūqiú<br>골프 | 壁球<br>bìqiú<br>스쿼시 | 网球<br>wǎngqiú<br>테니스 | 门球<br>ménqiú<br>게이트볼 |
|---|---|---|---|---|
| 台球<br>táiqiú<br>당구 | 棒球<br>bàngqiú<br>야구 | 保龄球<br>bǎolíngqiú<br>볼링 | 橄榄球<br>gǎnlǎnqiú<br>럭비 | 手球<br>shǒuqiú<br>핸드볼 |
| 足球<br>zúqiú<br>축구 | 篮球<br>lánqiú<br>농구 | 曲棍球<br>qūgùnqiú<br>필드하키 | 滑冰<br>huábīng<br>스케이트 | 滑雪<br>huáxuě<br>스키 |
| 游泳<br>yóuyǒng<br>수영 | 自行车<br>zìxíngchē<br>싸이클 | 跆拳道<br>táiquándào<br>태권도 | 柔道<br>róudào<br>유도 | 马拉松<br>mǎlāsōng<br>마라톤 |

연습문제

I. 주어진 병음의 한자를 보기에서 선택하고, 전체를 해석하시오.

---
〈보기〉
---

| 胜 | 炼 | 拿 | 佘 | 减 | 裳 | 于 | 练 | 生 | 胀 | 袁 |
| 表 | 践 | 麦 | 志 | 胼 | 余 | 连 | 掌 | 丢 | 胙 | 战 |

(1) 我们利用课(　　　)空闲时间一起(　　　)习。( yú. liàn )

　⊃ 전체해석: (　　　　　　　　　　　　　　　　　　　　　　　　　　)

(2) 系里的同学们向我们的(　　　)利报以了热烈的(　　　)声。( shèng. zhǎng )

　⊃ 전체해석: (　　　　　　　　　　　　　　　　　　　　　　　　　　)

(3) 王晓和我代(　　　)经营系一年级出(　　　)。( biǎo. zhàn )

　⊃ 전체해석: (　　　　　　　　　　　　　　　　　　　　　　　　　　)

II. 한어병음이 바르면 ○, 틀리면 ✕ 하세요.

(1) 发挥 fāhuī (　　　)　　　　(2) 技巧 jìqiǎo (　　　)

(3) 比赛 bǐsài (　　　)　　　　(4) 身材 sēnchái (　　　)

Ⅲ. 다음 단어들을 어순에 맞게 배열해 보세요.

(1) 那 / 什么 / 说说 / 你 / 安全 / 运动

　⮌ (　　　　　　　　　　　　　　　　　　　　　)


(2) 运动 / 什么 / 喜欢 / 最 / 你

　⮌ (　　　　　　　　　　　　　　　　　　　　　)


(3) 篮球 / 看 / 节目 / 我 / 经常

　⮌ (　　　　　　　　　　　　　　　　　　　　　)

# MEMO

제8과

# 医院急诊室

Yīyuàn jízhěnshì

A: 怎么了?
Zěnme le?

B: 医生说我感冒了。
Yīshēng shuō wǒ gǎnmào le.

A: 发烧了吗?
Fāshāo le ma?

B: 量过体温，有一点儿发烧。
Liáng guo tǐwēn, yǒu yìdiǎnr fāshāo.

A: 吃药了吗?
Chī yào le ma?

B: 吃了，护士还给我打了针。
Chī le, hùshi hái gěi wǒ dǎ le zhēn.

A: 现在觉得怎么样?
Xiànzài juéde zěnmeyàng?

B: 好多了。谢谢你。
Hǎo duō le. Xièxie nǐ.

새 단어

| | | |
|---|---|---|
| ☐ **医院** yīyuàn | | 병원. |
| ☐ **急诊室** jízhěnshì | | 응급실. |
| ☐ **医生** yīshēng | | 의사. |
| ☐ **感冒** gǎnmào | | 감기. |
| ☐ **发烧** fāshāo | | 열이 나다. |
| ☐ **量** liáng | | (길이·크기·무게·넓이·분량 따위를) 재다. 달다. |
| ☐ **体温** tǐwēn | | 체온. |
| ☐ **药** yào | | 약. 약물. |
| ☐ **护士** hùshi | | 간호사. |
| ☐ **针** zhēn | | 주사. |
| ☐ **觉得** juéde | | …라고 여기다(생각하다). |

A: 你哪里不舒服？
Nǐ nǎli bù shūfu?

B: 肚子不舒服。我想可能是昨晚吃得太多了。
Dùzi bù shūfu. Wǒ xiǎng kěnéng shì zuówǎn chī de tài duō le.

A: 你昨晚吃了些什么，能告诉我吗?
Nǐ zuówǎn chī le xiē shénme, néng gàosu wǒ ma?

B: 海鲜，烤鸭。种类很多，有的我叫不出名儿。
Hǎixiān, kǎoyā. Zhǒnglèi hěn duō, yǒude wǒ jiào bù chū míngr.

A: 你呕吐过没有?
Nǐ ǒutù guo méiyǒu?

B: 呕吐过。昨晚吐了三次，还上了好几趟厕所。
Ǒutù guo. Zuówǎn tù le sān cì, hái shàng le hǎo jǐ tàng cèsuǒ.

A: 我明白了。你得做一个大便检查。
Wǒ míngbai le. Nǐ děi zuò yí ge dàbiàn jiǎnchá.

B: 知道了。
Zhīdào le.

새 단어

| | | |
|---|---|---|
| ☐ **舒服** shūfu | (육체나 정신이) 편안하다. 상쾌하다. |
| ☐ **肚子** dùzi | 복부. 배. |
| ☐ **告诉** gàosu | 알리다. 말하다. |
| ☐ **海鲜** hǎixiān | 해산물. 바다에서 나는 신선한(날) 어패류, 또는 그 요리. |
| ☐ **烤鸭** kǎoyā | 오리구이. |
| ☐ **叫不出名儿** jiào bù chū míngr | 이름을 부를 수 없다. |
| ☐ **呕吐** ǒutù | 구토. |
| ☐ **好几** hǎojǐ | (꽤) 여러. 몇. (양사 또는 시간사 앞에 쓰여 많거나 오래 되었음을 나타냄) |
| ☐ **趟** tàng | 차례. 번. (사람이나 차의 왕래하는 횟수를 나타냄) |
| ☐ **厕所** cèsuǒ | 화장실. 변소. |
| ☐ **大便** dàbiàn | 대변. |
| ☐ **检查** jiǎnchá | 검사. 점검. |
| ☐ **知道** zhīdào | 알다. 이해하다. 깨닫다. |

每周二王晓都会和我一起上叫做'消费者行为'的选
Měizhōu'èr Wángxiǎo dōu huì hé wǒ yìqǐ shàng jiào zuò 'xiāofèizhě xíngwéi' de xuǎn

修课。但是今天上课我没有看到她。王晓从来没有旷过
xiū kè. Dànshì jīntiān shàngkè wǒ méiyǒu kàndào tā. Wángxiǎo cónglái méiyǒu kuàng guo

课，所以一下课我马上打了她的手机，才知道她因为
kè, suǒyǐ yí xiàkè wǒ mǎshàng dǎ le tā de shǒujī, cái zhīdào tā yīnwèi

很严重的腹痛去了医院，现在在医院急诊室。我马上
hěn yánzhòng de fùtòng qù le yīyuàn, xiànzài zài yīyuàn jízhěnshì. Wǒ mǎshàng

赶了过去，看到她坐在那里痛苦的样子，我非常心疼。
gǎn le guòqù, kàndào tā zuò zài nàli tòngkǔ de yàngzi, wǒ fēicháng xīnténg.

不过还好检查结果没有发现特别的问题，医生说暂时
Búguò háihǎo jiǎnchá jiéguǒ méiyǒu fāxiàn tèbié de wèntí, yīshēng shuō zànshí

只需要吃药和调整饮食。拿了药，我扶着她坐车，送
zhǐ xūyào chī yào hé tiáozhěng yǐnshí. Ná le yào, wǒ fú zhe tā zuò chē, sòng

她回到宿舍，我才回了家。
tā huídào sùshè, wǒ cái huí le jiā.

새 단어

☐ **消费者行为** xiāofèizhě xíngwéi  소비자행동(consumer behavior).

☐ **从来** cónglái  지금까지. 여태껏. 이제까지.

☐ **旷** kuàng  무단결석하다. 쉬다.

☐ **所以** suǒyǐ  그래서. 그런 까닭에.

☐ **才** cái  …에야 (비로소). (어느 시점에 이르러서 비로소 동작·작용이 발생함을 나타냄)

☐ **因为** yīnwèi  …때문에. …에 의하여.

☐ **严重** yánzhòng  중대하다. 심각하다. 모질다.

☐ **腹痛** fùtòng  복통.

☐ **赶** gǎn  서두르다.

☐ **痛苦** tòngkǔ  고통. 아픔.

☐ **心疼** xīnténg  가슴(이) 아프다. 마음이 쓰리다.

☐ **不过** búguò  그런데. 그러나.

☐ **结果** jiéguǒ  결과.

☐ **发现** fāxiàn  발견(하다).

☐ **问题** wèntí  탈. 결점. 문제거리.

☐ **暂时** zànshí  잠깐. 잠시. 일시.

☐ **只** zhǐ  단지. 다만. 오직.

☐ **调整** tiáozhěng       조정[조절](하다).

☐ **饮食** yǐnshí       음식.

☐ **拿** ná       받다. 타다. 얻다.

☐ **扶** fú       (손으로) 떠받치다. 부축하다.

☐ **送** sòng       바래(다) 주다.

☐ **回到** huídào       (원래의 곳으로) 되돌아가다.

## 구문 설명

**① '从来没(有)'**

'从(来)没(有)'는 '주어+从(来)没(有)+동사(구)'형식으로 쓰여, 어떤 행위가 과거부터 현재 말하는 시점까지 '일어난 적이 없음'을 나타낸다.

### 他从来没从事过这种工作。

Tā cónglái méi cóngshì guo zhè zhǒng gōngzuò.
그는 지금까지 이런 일에 종사해 본 적이 없다.

### 他从来没自己洗过衣服。

Tā cónglái méi zìjǐ xǐ guo yīfu.
그는 지금까지 스스로 옷을 빨아 본 적이 없다.

**② '因为'**

'因为'는 인과관계를 나타내는 접속사로 '～하기 때문에, ～하다'라는 의미를 나타낸다. '因为'는 '所以'와 호응하여 쓰이기도 한다.

### 因为我喝了两杯咖啡，(所以)睡不着。

Yīnwèi wǒ hē le liǎng bēi kāfēi, (suǒyǐ) shuì bu zháo.
나는 커피 두 잔을 마셨기 때문에, 잠이 오지 않는다.

### 因为他每天听广播，(所以)汉语水平提高得很快。

Yīnwèi tā měitiān tīng guǎngbō, (suǒyǐ) hànyǔ shuǐpíng tígāo de hěn kuài.
그녀는 매일 방송을 듣기 때문에, 중국어 실력이 빠르게 향상되었다.

# 알아보기

## 【신체 부위】

| | | |
|---|---|---|
| **眉毛**<br>méimáo<br>눈썹 | **耳朵**<br>ěrduō<br>귀 | **脸颊**<br>liǎnjiá<br>볼·뺨 |
| **乳房**<br>rǔfáng<br>유방 | **肚脐**<br>dùqí<br>배꼽 | **眼睛**<br>yǎnjing<br>눈 |
| **鼻子**<br>bízi<br>코 | **嘴巴**<br>zuǐba<br>입 | **胸部**<br>xiōngbù<br>흉부 |
| **腹部**<br>fùbù<br>복부 | **牙齿**<br>yáchǐ<br>치아 | **舌头**<br>shétou<br>혀 |
| **下巴**<br>xiàbā<br>턱 | **脖子**<br>bózi<br>목 | **胳膊**<br>gēbo<br>팔 |
| **大腿根**<br>dàtuǐgēn<br>허벅지 | **膝盖**<br>xīgài<br>무릎 | **脚腕**<br>jiǎowàn<br>발목 |

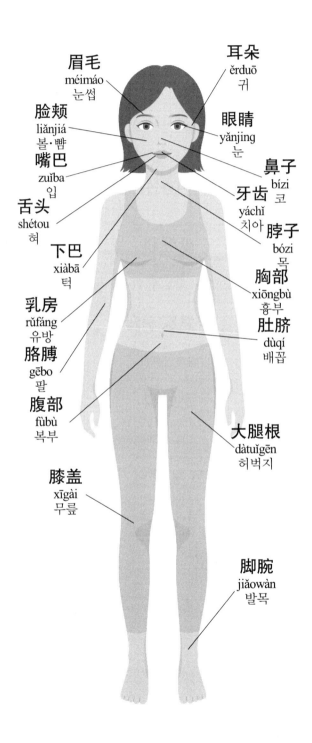

眉毛
méimáo
눈썹

耳朵
ěrduō
귀

脸颊
liǎnjiá
볼·빰

眼睛
yǎnjing
눈

嘴巴
zuǐba
입

鼻子
bízi
코

牙齿
yáchǐ
치아

舌头
shétou
혀

脖子
bózi
목

下巴
xiàbā
턱

胸部
xiōngbù
흉부

乳房
rǔfáng
유방

肚脐
dùqí
배꼽

胳膊
gēbo
팔

腹部
fùbù
복부

大腿根
dàtuǐgēn
허벅지

膝盖
xīgài
무릎

脚腕
jiǎowàn
발목

## 【유행병】

| 甲型流感<br>jiǎxíng liúgǎn<br>신종인플루엔자 | 禽流感<br>qínliúgǎn<br>조류인플루엔자 | 非典<br>fēidiǎn<br>사스 | 新冠病毒<br>xīnguān bìngdú<br>코로나 바이러스 |
|---|---|---|---|

## 【진료과】

| 整容外科<br>zhěngróngwàikē<br>성형외과 | 皮肤科<br>pífūkē<br>피부과 | 牙科<br>yákē<br>치과 |
|---|---|---|
| 骨科<br>gǔkē<br>정형외과 | 康复医学科<br>kāngfùyīxuékē<br>재활의학과 | 眼科<br>yǎnkē<br>안과 |
| 妇产科<br>fùchǎnkē<br>산부인과 | 泌尿科<br>mìniàokē<br>비뇨기과 | 神经外科<br>shénjīngwàikē<br>신경외과 |
| 麻醉科<br>mázuìkē<br>마취과 | 耳鼻喉科<br>ěrbíhóukē<br>이비인후과 | 放射科<br>fàngshèkē<br>방사선과 |

☞ 门诊 ménzhěn (외래) 진료. 진찰.

# 연습문제

Ⅰ. 주어진 병음의 한자를 보기에서 선택하고, 전체를 해석하시오.

〈보기〉

| 涂 | 饶 | 凋 | 侥 | 稳 | 调 | 瘟 | 晓 | 土 | 侧 | 吐 |
|---|---|---|---|---|---|---|---|---|---|---|
| 药 | 烧 | 徒 | 恻 | 厕 | 约 | 碉 | 途 | 钓 | 温 | 鲷 |

(1) 量过体(　　　), 有一点儿发(　　　)。( wēn. shāo )

　　➜ 전체해석: (　　　　　　　　　　　　　　　　　　　　　　　　　)

(2) 昨晚(　　　)了三次, 还上了好几趟(　　　)所。( tù. cè )

　　➜ 전체해석: (　　　　　　　　　　　　　　　　　　　　　　　　　)

(3) 医生说暂时只需要吃(　　　)和(　　　)整饮食。( yào. tiáo )

　　➜ 전체해석: (　　　　　　　　　　　　　　　　　　　　　　　　　)

Ⅱ. 한어병음이 바르면 ○, 틀리면 ✕ 하세요.

(1) 旷 guàng (　　　)　　　　(2) 腹痛 pùtòng (　　　)

(3) 暂时 zhànshí (　　　)　　　(4) 扶 pú (　　　)

Ⅲ. 다음 단어들을 어순에 맞게 배열해 보세요.

(1) 我 / 了 / 医生 / 感冒 / 说

    ➲ (                                              )

(2) 的 / 坐在 / 样子 / 痛苦 / 她 / 那里

    ➲ (                                              )

(3) 你 / 得 / 大便 / 一个 / 做 / 检查

    ➲ (                                              )

# 购买生活必需品

Gòumǎi shēnghuó bìxūpǐn

장면 1

A: 下午好，我可以帮到你吗?
Xiàwǔ hǎo, wǒ kěyǐ bāng dào nǐ ma?

B: 你们有钻石戒指吗?
Nǐmen yǒu zuànshí jièzhi ma?

A: 是的，我们有。
Shì de, wǒmen yǒu.

B: 请把这个拿给我看一下。
Qǐng bǎ zhège ná gěi wǒ kàn yíxià.

A: 好的，给您。
Hǎode, gěi nín.

B: 多少钱?
Duōshao qián?

A: 两万五千元。
Liǎngwàn wǔqiān yuán.

B: 这太贵了，你们有打折吗?
Zhè tài guì le, nǐmen yǒu dǎzhé ma?

A: 八折。
Bāzhé.

B: 可以再便宜一点吗?
Kěyǐ zài piányi yìdiǎn ma?

A: 抱歉，不能再便宜了
Bàoqiàn, bù néng zài piányí le

새 단어

☐ **购买** gòumǎi　　　　　　　구입[구매] (하다).

☐ **生活必需品** shēnghuó bìxūpǐn　생필품.

☐ **帮** bāng　　　　　　　　　돕다. 거들어 주다.

☐ **钻石** zuànshí　　　　　　　다이아몬드.

☐ **戒指** jièzhi　　　　　　　　반지.

☐ **把** bǎ　　　　　　　　　　(손으로) 쥐다. 잡다.

☐ **拿给** nágěi　　　　　　　　(물건을) 가져다주다.

☐ **多少** duōshao　　　　　　　얼마. 몇.

☐ **钱** qián　　　　　　　　　　돈.

☐ **贵** guì　　　　　　　　　　(값이) 비싸다.

☐ **打折** dǎzhé　　　　　　　　할인하다. 디스카운트(discount) 하다.

☐ **八折** bāzhé　　　　　　　　20퍼센트 할인.

☐ **抱歉** bàoqiàn　　　　　　　미안하게 생각하다. 미안해하다.

☐ **讲价** jiǎngjià　　　　　　　값을 흥정하다.

**장면 2**

A: 欢迎光临。能帮您什么忙吗?
Huānyíngguānglín. Néng bāng nín shénme máng ma?

B: 这件衬衫多少钱?
Zhè jiàn chènshān duōshao qián?

A: 两百块。要什么号的?
Liǎngbǎi kuài. Yào shénme hào de.

B: 我要最大的。
Wǒ yào zuì dà de.

A: 这儿有。
Zhèr yǒu.

B: 我可不可以试穿一下?
Wǒ kě bù kěyǐ shìchuān yíxià?

A: 那儿有更衣室。
Nàr yǒu gēngyīshì.

B: 谢谢!
Xièxie!

새 단어

□ **欢迎光临** huānyíngguānglín　어서 오세요.

□ **衬衫** chènshān　셔츠(shirt). 와이셔츠.

□ **号** hào　사이즈.

□ **试穿** shìchuān　입어 보다.

□ **更衣室** gēngyīshì　탈의실. 라커룸(locker room).

王晓和我一起去易买得购买了生活必需品。可能因
Wángxiǎo hé wǒ yìqǐ qù Yìmǎidé gòumǎi le shēnghuó bìxūpǐn. Kěnéng yīn

为那天是周末，来购物的人非常多。我们买了牙膏、
wèi nàtiān shì zhōumò, lái gòuwù de rén fēicháng duō. Wǒmen mǎi le Yágāo,

牙刷、洗发水、护发素等，然后就推着购物车去了食
yáshuā, xǐfàshuǐ, hùfàsù děng, ránhòu jiù tuī zhe gòuwùchē qù le shí

品区，打算在那里逛一逛。
pǐnqū, dǎsuàn zài nàli guàng yī guàng.

王晓特别喜欢韩国的年糕。各种颜色和形状的年
Wángxiǎo tèbié xǐhuan Hánguó de niángāo. Gèzhǒng yánsè hé xíngzhuàng de nián

糕，她都想尝一尝，但是买多了吃不完放坏的话得扔
gāo, tā dōu xiǎng cháng yī cháng, dànshì mǎi duōle chī bù wán fànghuài de huà děi rēng

掉，所以她不知道该怎么办才好。挑选了很久，最后
diào suǒyǐ tā bùzhīdào gāi zěnmebàn cái hǎo. Tiāoxuǎn le hěn jiǔ, zuìhòu

我提议先买看起来最好吃的'彩虹糕'和'糯米切糕'。
wǒ tíyì xiān mǎi kàn qǐlái zuì hǎo chī de 'cǎihónggāo' hé 'nuòmǐ qiēgāo'.

这两种年糕真的很好吃，王晓和我在回宿舍的公共汽
Zhè liǎngzhǒng niángāo zhēnde hěn hǎo chī, Wángxiǎo hé wǒ zài huí sùshè de gōnggòng qì

车上就吃得一块儿不剩了。
chē shàng jiù chī de yíkuàir bú shèng le.

새 단어

☐ **易买得** Yìmǎidé　　　　이마트(E-mart).

☐ **周末** zhōumò　　　　주말(週末).

☐ **购物** gòuwù　　　　물건을 구입하다. 쇼핑하다.

☐ **牙膏** yágāo　　　　치약.

☐ **牙刷** yáshuā　　　　칫솔.

☐ **洗发水** xǐfàshuǐ　　　　샴푸(shampoo).

☐ **护发素** hùfàsù　　　　린스(rinse).

☐ **然后** ránhòu　　　　연후에. 그러한 후에. 그리고 나서.

☐ **推** tuī　　　　밀다.

☐ **购物车** gòuwùchē　　　　쇼핑 카트.

☐ **食品区** shípǐnqū　　　　식품코너.

☐ **打算** dǎsuàn　　　　…하려고 하다. …할 작정이다.

☐ **逛** guàng　　　　이리저리 거닐다. 둘러보다.

☐ **年糕** niángāo　　　　떡.

☐ **各种** gèzhǒng　　　　각종(의). 여러 가지.

☐ **颜色** yánsè　　　　색채. 색.

☐ **形状** xíngzhuàng　　　　형상. 물체의 외관.

☐ **尝** cháng　　　　맛보다.

□ 完 wán　　　　　　　　다하다. 없어지다. 다 떨어지다. 완결되다. 끝나다.

□ 坏 huài　　　　　　　　상하다. 못쓰게 되다. 썩다.

□ 得 děi　　　　　　　　(마땅히) …해야 한다(겠다).

□ 扔掉 rēngdiào　　　　　내버리다. 방치하다.

□ 挑选 tiāoxuǎn　　　　　고르다. 선택하다.

□ 最后 zuìhòu　　　　　　최후. 맨 마지막.

□ 提议 tíyì　　　　　　　제의(하다).

□ 先 xiān　　　　　　　　먼저. 우선. 앞서. 미리.

□ 彩虹糕 cǎihónggāo　　　무지개떡.

□ 糯米切糕 nuòmǐ qiēgāo　인절미.

□ 两种 liǎngzhǒng　　　　두 가지. 두 종류.

□ 真的 zhēnde　　　　　　참으로. 정말로. 진실로.

□ 公共汽车 gōnggòng qìchē　버스(Bus).

□ 一块儿 yíkuàir　　　　　함께. 같이.

□ 剩 shèng　　　　　　　　남다.

# 구문 설명

## ① 가능보어

가능보어는 동작의 실현 가능성을 나타내는 보어로, 긍정을 나타낼 때는 '得', 부정을 나타낼 때는 '不'를 사용한다.

### 这本书很薄，三天**看得完**。
Zhè běn shū hěn báo, sāntiān kàn de wán.
이 책은 얇아서 사흘이면 다 볼 수 있다.

### 今天做得太多了，我一个人**吃不完**。
Jīntiān zuò de tài duō le, wǒ yí ge rén chī bu wán.
오늘 (음식을) 너무 많이 해서, 나 혼자서는 다 먹을 수 없다.

## ② '起来'

'일어나다'라는 뜻을 지닌 동사 '起来'는 방향보어로도 사용되는데, 이때는 방향을 보충 설명하는 용도보다 파생적인 의미를 더해주는 역할을 한다. '起来'는 함께 쓰이는 동사에 따라 다양한 의미를 나타낸다.

1) '~하기에', '~해보니'라는 의미로 '동작의 시도'를 나타낸다.

### 老师的声音，听**起来**很好听。
Lǎoshī de shēngyīn, tīng qǐlái hěn hǎotīng.
선생님의 목소리는 매우 듣기 좋다.

**这台洗衣机，看<u>起来</u>很贵。**

Zhè tái xǐyījī, kàn qǐlái hěn guì.

이 세탁기는 비싸 보인다.

2) '~하기 시작하다'라는 의미로 '동작이나 상황의 시작'을 나타낸다.

**她突然笑<u>起来</u>了。**

Tā tūrán xiào qǐlái le.

그녀가 갑자기 웃기 시작했다.

**身体好<u>起来</u>了。**

Shēntǐ hǎo qǐlái le.

몸이 좋아지기 시작했다.

3) '흩어져 있던 것들을 정리'하거나 '한 곳으로 집중 됨'을 나타낸다.

**夏天了，把毛衣收<u>起来</u>吧。**

Xiàtiān le, bǎ máoyī shōu qǐlái ba

여름이 되었으니, 스웨터를 정리해라.

**我想<u>起来</u>她是谁了!**

Wǒ xiǎng qǐlái tā shì shéi le!.

나는 그녀가 누구인지 생각났어!

# 알아보기

## 【마트】

| 乐天玛特<br>Lètiānmǎtè<br>롯데마트 | 沃尔玛<br>Wò'ěrmǎ<br>월마트(Wal-Mart) | 家乐福<br>Jiālèfú<br>까르푸(Carrufour) |
|---|---|---|
| 好市多<br>Hǎoshìduō<br>코스트코(Costco) | 卜蜂莲花<br>Bǔfēng liánhuā<br>테스코 로터스(Tesco Lotus) | 麦德龙<br>màidélóng<br>메트로(Metro AG) |

# 연습문제

Ⅰ. 주어진 병음의 한자를 보기에서 선택하고, 전체를 해석하시오.

〈보기〉

| 句 | 奶 | 堆 | 狗 | 雷 | 怀 | 购 | 杯 | 扔 | 枸 | 碓 |
| 露 | 坏 | 推 | 须 | 钩 | 需 | 仍 | 环 | 构 | 拘 | 够 |

(1) 王晓和我一起去易买得(　　　)买了生活必(　　　)品。( gòu. xū )

　　⊃ 전체해석: (　　　　　　　　　　　　　　　　　　　　)

(2) 然后就(　　　)着(　　　)物车去了食品区。( tuī. gòu )

　　⊃ 전체해석: (　　　　　　　　　　　　　　　　　　　　)

(3) 吃不完放(　　　)的话得(　　　)掉。( huài. rēng )

　　⊃ 전체해석: (　　　　　　　　　　　　　　　　　　　　)

Ⅱ. 한어병음이 바르면 ○, 틀리면 × 하세요.

(1) 戒指 jièzhi (　　　)　　　　　(2) 打折 dǎzé (　　　)

(3) 衬衫 cènshān (　　　)　　　　(4) 牙刷 yáshuā (　　　)

Ⅲ. 다음 단어들을 어순에 맞게 배열해 보세요.

(1) 把 / 请 / 拿给 / 看一下 / 我 / 这个

   ⊃ (　　　　　　　　　　　　　　　　　　　　)

(2) 吗 / 一点 / 便宜 / 再 / 可以

   ⊃ (　　　　　　　　　　　　　　　　　　　　)

(3) 可以 / 可 / 不 / 一下 / 试穿 / 我

   ⊃ (　　　　　　　　　　　　　　　　　　　　)

# MEMO

제10과

# 约好一起逛明洞

Yuēhǎo yìqǐ guàng Míngdòng

장면 1

A: 劳驾，请问怎么去天安门广场？
Láojià, qǐngwèn zěnme qù Tiān'ānmén guǎngchǎng?

B: 坐5路车可以到。
Zuò wǔlù chē kěyǐ dào.

A: 汽车站在哪儿？
Qìchēzhàn zài nǎr?

B: 直行，然后向右拐。
Zhí xíng, ránhòu xiàng yòuguǎi.

A: 谢谢！
Xièxie!

새 단어

☐ 约好 yuēhǎo              약속하다.

☐ 明洞 Míngdòng            명동.

☐ 天安门广场 Tiān'ānmén guǎngchǎng  천안문 광장.

☐ 直行 zhí xíng            직진(하다).

장면 2

A: **打扰一下！我怎么去三号线地铁站？**
Dǎrǎo yíxià! Wǒ zěnme qù sānhàoxiàn dìtiězhàn?

B: **对不起，我不是本地人。**
Duìbuqǐ, wǒ búshì běndìrén.

A: **你知道最近的超市在哪里吗？**
Nǐ zhīdào zuì jìn de chāoshì zài nǎli ma?

B: **在红绿灯处一直往前走。**
Zài hónglǜdēng chù yìzhí wǎng qián zǒu.

A: **谢谢。**
Xièxie.

B: **别客气。**
Biékèqi.

새 단어

☐ **打扰** dǎrǎo　　　　　　실례하다. 방해하다.

☐ **号线** hàoxiàn　　　　　(지하철) 호선.

☐ **本地人** běndìrén      현지인.

☐ **近** jìn      가깝다.

☐ **红绿灯** hónglǜdēng      신호등.

☐ **处** chù      곳. 지점.

☐ **一直** yìzhí      곧바로. 곧장.

☐ **左转** zuǒzhuǎn      좌측으로 돌다. 좌회전하다.

☐ **帮助** bāngzhù      돕다.

☐ **别客气** biékèqi      괜찮습니다. 사양하지 마세요.

今天是星期天，我们约好了在地铁四号线明洞站
Jīntiān shì xīngqītiān, wǒmen yuēhǎo le zài dìtiě sìhàoxiàn Míngdòngzhàn

二号出口见面，然后一起去明洞逛逛，买东西。午饭王
èrhào chūkǒu jiànmiàn, ránhòu yìqǐ qù Míngdòng guàngguang, mǎi dōngxi. Wǔfàn Wáng

晓想吃炸猪排，我就陪她一起去了。午饭后，我们找
xiǎo xiǎng chī zházhūpái, wǒ jiù péi tā yìqǐ qù le. Wǔfàn hòu, wǒmen zhǎo

了家咖啡馆休息了一下，就开始逛街了。我们去了化
le jiā kāfēiguǎn xiūxi le yíxià, jiù kāishǐ guàngjiē le. Wǒmen qù le huà

妆品店、鞋店，最后去了衣服店。王晓买了一件三万
zhuāngpǐndiàn, xiédiàn, zuìhòu qùle yīfudiàn. Wángxiǎo mǎi le yí jiàn sānwàn

韩元的浅橙色T恤，我买了一条牛仔裤。
hányuán de qiǎnchéngsè T xù, wǒ mǎi le yì tiáo niúzǎikù.

在回学校的地铁上王晓说，她觉得韩国的年轻人
Zài huí xuéxiào de dìtiě shang Wángxiǎo shuō, tā juéde Hánguó de niánqīngrén

社交能力很强，很干练，很帅气。她还说明洞跟北京
shèjiāo nénglì hěn qiáng, hěn gànliàn, hěn shuàiqi. Tā hái shuō Míngdòng gēn Běijīng

的王府井大街很像，是购物和品尝美食的好地方。
de Wángfǔjǐng dàjiē hěn xiàng, shì gòuwù hé pǐncháng měishí de hǎo dìfang.

새 단어

| | | |
|---|---|---|
| ☐ | 出口 chūkǒu | 출구. |
| ☐ | 见面 jiànmiàn | 만나다. 대면하다. |
| ☐ | 东西 dōngxi | 물품. 물건. |
| ☐ | 炸猪排 zházhūpái | 돈가스. |
| ☐ | 陪 péi | 모시다. 동반하다. 수행하다. |
| ☐ | 逛街 guàngjiē | 거리를 구경하며 돌아다니다. 거리를 쏘다니다. 아이 쇼핑(eye shopping)하다. |
| ☐ | 化妆品 huàzhuāngpǐn | 화장품. |
| ☐ | 店 diàn | 상점. 가게. |
| ☐ | 鞋 xié | 신(발). |
| ☐ | 韩元 hányuán | 원화(WON). |
| ☐ | 浅橙色 qiǎnchéngsè | 옅은 오렌지색. |
| ☐ | T恤 T xù | 티셔츠(T-shirts). |
| ☐ | 牛仔裤 niúzǎikù | 진스(jeans). 청바지. |
| ☐ | 年轻人 niánqīngrén | 젊은이. 젊은 사람. |
| ☐ | 社交能力 shèjiāo nénglì | 사교성. 붙임성. |
| ☐ | 强 qiáng | (감정이나 의지의 정도가) 강하다. |
| ☐ | 干练 gànliàn | 유능하고 노련하다. |
| ☐ | 帅气 shuàiqi | 보기 좋다. 멋지다. |

☐ **王府井大街** Wángfǔjǐng dàjiē　왕푸징 거리(대로).

☐ **品尝** pǐncháng　시식(試食)하다. 맛보다.

☐ **美食** měishí　맛있는 음식. 먹거리.

**구문 설명**

### ① 동량보어

동량보어는 동작이나 행위의 횟수를 나타내는 보어로, '주어+술어+동량보어(수사+동량사)' 형식으로 쓰인다.

1) '一下'

'一下'는 동량보어로 쓰여 '좀~하다'라는 의미를 나타낸다.

> **你休息一下再学习。**
> Nǐ xiūxi yíxià zài xuéxí.
> 너 조금 쉬었다가 다시 공부해라.

> **请您稍等一下。**
> Qǐng nín shāo děng yíxià.
> 잠시 기다려주세요.

# 알아보기

## 【교통수단】

| | | | |
|---|---|---|---|
| 摩托车<br>mótuōchē<br>오토바이 | 出租车(的士)<br>chūzūchē(dīshì)<br>택시 | 电动汽车<br>diàndòngqìchē<br>전기자동차 | 跑车<br>pǎochē<br>스포츠카 |
| 面包车<br>miànbāochē<br>봉고차 | 警车<br>jǐngchē<br>경찰차 | 救护车<br>jiùhùchē<br>구급차 | 消防车<br>xiāofángchē<br>소방차 |
| 货车<br>huòchē<br>화물차 | 卡车<br>kǎchē<br>트럭(truck) | 油罐车<br>yóuguànchē<br>유조차 | 飞机<br>fēijī<br>비행기 |
| 热气球<br>rèqìqiú<br>열기구 | 直升机<br>zhíshēngjī<br>헬리콥터 | 火车<br>huǒchē<br>기차 | 游艇<br>yóutǐng<br>요트 |

## 연습문제

Ⅰ. 주어진 병음의 한자를 보기에서 선택하고, 전체를 해석하시오.

〈보기〉

| 药 | 粘 | 练 | 匆 | 偿 | 钻 | 情 | 经 | 勿 | 场 | 轻 |
| 站 | 炼 | 约 | 联 | 连 | 占 | 尝 | 艺 | 钓 | 物 | 请 |

(1) 我们(　　)好了在地铁四号线明洞(　　)二号出口见面。( yuē. zhàn )

　　➲ 전체해석: (　　　　　　　　　　　　　　　　　　　　　　　)

(2) 韩国的年(　　)人社交能力很强，很干(　　)，很帅气。( qīng. liàn )

　　➲ 전체해석: (　　　　　　　　　　　　　　　　　　　　　　　)

(3) 明洞是购(　　)和品(　　)美食的好地方。( wù. cháng )

　　➲ 전체해석: (　　　　　　　　　　　　　　　　　　　　　　　)

Ⅱ. 한어병음이 바르면 ○, 틀리면 × 하세요.

　　(1) 广场 guǎngchǎng (　　　)　　　(2) 右拐 yòukuài (　　　)

　　(3) 化妆品 huàzhuāngpǐn (　　　)　　(4) 牛仔裤 niúzhǎikù (　　　)

Ⅲ. 다음 단어들을 어순에 맞게 배열해 보세요.

(1) 最 / 在 / 的 / 吗 / 近 / 哪里 / 超市 / 知道 / 你

➲ ( )

(2) 红绿灯处 / 在 / 往 / 一直 / 走 / 前

➲ ( )

(3) 找了 / 我们 / 家 / 一下 / 休息 / 咖啡馆

➲ ( )

# MEMO

제11과

# 暑假打工的日子

Shǔjiǎ dǎgōng de rìzi

A: 我最近一直想要换工作。

　　Wǒ zuìjìn yìzhí xiǎng yào huàn gōngzuò.

B: 为什么呢? 压力太大了吗?

　　Wèishénme ne? Yālì tài dà le ma?

A: 是啊, 我不太能应付这样繁忙的工作。

　　Shì a, wǒ bútài néng yìngfù zhèyàng fánmáng de gōngzuò.

　　你呢? 你的工作情况如何?

　　Nǐ ne? Nǐ de gōngzuò qíngkuàng rúhé?

B: 马马虎虎, 还过得去。

　　Mǎmahūhū, hái guòdequ.

새 단어

□ **暑假** shǔjià　　　　여름 방학. 여름휴가.

□ **打工** dǎgōng　　　　아르바이트.

□ **日子** rìzi　　　　(작정한) 날.

□ **换** huàn　　　　바꾸다. 교체하다.

☐ **工作** gōngzuò　　　　　일. 업무.

☐ **压力** yālì　　　　　　스트레스.

☐ **应付** yìngfù　　　　　대처하다. 대응하다.

☐ **繁忙** fánmáng　　　　　번거롭고 바쁘다.

☐ **情况** qíngkuàng　　　　상황. 정황. 형편.

☐ **如何** rúhé　　　　　　어떠냐. 어떠한가.

☐ **马马虎虎** mǎmahūhū　　　그저 그렇다. 그럭저럭.

☐ **过得去** guòdequ　　　　지낼 만하다. 살아갈 만하다.

A: 您好。我是看到招工广告过来的。
Nínhǎo. Wǒ shì kàndao zhāogōng guǎnggào guòlái de.

B: 是吗？请坐。之前打过工吗？
Shì ma? Qǐngzuò. Zhīqián dǎ guo gōng ma?

A: 之前在家的时候打过工，不过在韩国还是第一次。
Zhīqián zài jiā de shíhou dǎ guo gōng, búguò zài Hánguó háishi dìyīcì.

B: 我们需要有经验的人。
Wǒmen xūyào yǒu jīngyàn de rén.

A: 虽然没什么经验，但我会努力的。
Suīrán méi shénme jīngyàn, dàn wǒ huì nǔlì de.

B: 因为是第一次，所以不能给你太高的时薪，没关系吧?
Yīnwèi shì dìyīcì, suǒyǐ bùnéng gěi nǐ tài gāo de shíxīn, méiguānxi ba?

A: 没关系的。
Méi guānxi de.

새 단어

| | | |
|---|---|---|
| ☐ **招工** zhāogōng | 일꾼을 모집하다. | |
| ☐ **广告** guǎnggào | 광고. | |
| ☐ **之前** zhīqián | …의 앞. …의 전. (시간과 장소 모두를 나타내지만 주로 시간에 많이 쓰임) | |
| ☐ **需要** xūyào | 필요로 하다. | |
| ☐ **经验** jīngyàn | 경험. | |
| ☐ **努力** nǔlì | 노력하다. | |
| ☐ **时薪** shíxīn | 시급. | |

一个学期很快过去了，暑假里我在'7-11'便利店
Yí ge xuéqī hěn kuài guòqù le, shǔjià li wǒ zài 'qī-shíyī' biànlìdiàn

找到了一份临时工的工作，为期一个月。我是在网上
zhǎodào le yífèn línshígōng de gōngzuò, wéiqī yí ge yuè. Wǒ shì zài wǎngshàng

找到这份工作的。便利店的工作虽然不太累，但是事
zhǎodào zhè fèn gōngzuò de. Biànlìdiàn de gōngzuò suīrán bútài lèi, dànshì shì

情多，有时候会忙得没有时间吃饭，一个月的工资也
qing duō, yǒushíhou huì máng de méiyǒu shíjiān chīfàn, yí ge yuè de gōngzī yě

不算高。但是我觉得打工不仅可以赚点儿钱，更重要
búsuàn gāo. Dànshì wǒ juéde dǎgōng bùjǐn kěyǐ zuàn diǎnr qián, gèng zhòngyào

的是这是个积累工作经验的好机会。
de shì zhè shì ge jīlěi gōngzuò jīngyàn de hǎo jīhuì. .

王晓有时候也像客人一样来便利店里，假装买东
Wángxiǎo yǒushíhou yě xiàng kèrén yíyàng lái biànlìdiàn li, jiǎzhuāng mǎi dōng

西，故意挑选很长时间。她的确是为我解闷开心的好朋
xi, gùyì tiāoxuǎn hěn cháng shíjiān. Tā díquè shì wèi wǒ jiěmèn kāixīn de hǎo péng

友。
you.

새 단어

| | | |
|---|---|---|
| □ | **快** kuài | 곧[머지않아] (…하다). |
| □ | **过去** guòqù | 지나가다. |
| □ | **里** li | 안. 속. 가운데. 내부. (명사 뒤에 붙어 일정한 공간·시간·범위를 나타냄) |
| □ | **便利店** biànlìdiàn | 편의점. |
| □ | **找到** zhǎodào | 찾아내다. |
| □ | **一份** yífèn | 한 사람 몫. |
| □ | **临时工** línshígōng | 임시직원. 아르바이트. |
| □ | **为期** wéiqī | …을 기한으로 하다. |
| □ | **网上** wǎngshàng | 온라인. 인터넷. |
| □ | **事情** shìqing | 일. 사건. |
| □ | **有时候** yǒushíhou | 때로는. 이따금. 때때로. 혹은. |
| □ | **忙** máng | 바쁘다. |
| □ | **工资** gōngzī | 임금. 노임. |
| □ | **不算** búsuàn | …한 편은 아니다. |
| □ | **高** gāo | (일반적이나 평균치보다) 높다. |
| □ | **觉得** juéde | …라고 여기다. |
| □ | **打工** dǎgōng | 아르바이트. |
| □ | **不仅** bùjǐn | …일 뿐만 아니라. |

☐ **赚** zhuàn　　　　　　(이익을 남겨) 벌다. 이윤을 얻다.

☐ **更** gèng　　　　　　　더욱. 일층 더.

☐ **重要** zhòngyào　　　　중요하다.

☐ **积累** jīlěi　　　　　　(조금씩) 쌓이다. 누적하다. 축적하다.

☐ **经验** jīngyàn　　　　　경험(하다). 체험(하다).

☐ **机会** jīhuì　　　　　　기회.

☐ **像…一样** xiàng…yíyàng　…과 같이.

☐ **客人** kèrén　　　　　　손님.

☐ **假装** jiǎzhuāng　　　　가장하다. (짐짓)…체하다.

☐ **故意** gùyì　　　　　　　고의로. 일부러.

☐ **挑选** tiāoxuǎn　　　　　고르다. 선택하다.

☐ **长** cháng　　　　　　　길다.

☐ **的确** díquè　　　　　　참으로. 정말. 확실히.

☐ **为** wèi　　　　　　　…에게. …을 위하여. (행위의 대상을 나타냄)

☐ **解闷** jiěmèn　　　　　갑갑증을 풀다. 답답한 마음을 달래다.

☐ **开心** kāixīn　　　　　기분을 상쾌하게 하다. 기분 전환하다. 유쾌하다.
　　　　　　　　　　　즐겁다.

# 구문 설명

### 1 '是～的' 강조구문

　'是～的' 강조구문은 이미 행해진 어떤 동작이나 행위와 관련 있는 '시간, 장소, 대상, 방식(수단), 목적, 행위의 주체' 등을 강조할 때 쓰이며, 기본형식은 '주어+是+강조하려는 내용(시간, 장소, 대상, 방식, 목적, 행위의 주체 등)+的'이다.

　1) '시간' 강조

**我是去年来的。**
Wǒ shì qùnián lái de.
나는 작년에 왔다.

　2) '장소' 강조

**这是在火车站买的。**
Zhè shì zài huǒchēzhàn mǎi de.
이것은 기차역에서 산 것이다.

　3) '대상' 강조

**这本书是从图书馆借的。**
Zhè běn shū shì cóng túshūguǎn jiè de.
이 책은 도서관에서 빌린 것이다.

4) '방식(수단)' 강조

**爸爸是骑自行车来的。**

Bàba shì qí zìxíngchē lái de.
아버지는 자전거를 타고 오셨다.

5) '목적' 강조

**王老师是为教汉语来的。**

Wánglǎoshī shì wèi jiāo hànyǔ lái de.
왕선생님은 중국어를 가르치기 위해서 오셨다.

6) '행위의 주체' 강조

**这封信是奶奶写的。**

Zhè fēng xìn shì nǎinai xiě de.
이 편지는 할머니가 쓰신 것이다.

# 알아보기

## 【직업】

| | | | |
|---|---|---|---|
| 律师<br>lǜshī<br>변호사 | 会计师<br>kuàijìshī<br>회계사 | 烘焙师<br>hōngbèishī<br>제빵사 | 厨师<br>chúshī<br>요리사 |
| 护士<br>hùshi<br>간호사 | 理发师<br>lǐfàshī<br>이발사 | 美容师<br>měiróngshī<br>미용사 | 工程师<br>gōngchéngshī<br>엔지니어 |
| 互联网营销师<br>hùliánwǎng yíngxiāoshī<br>온라인 마케터 | 宠物健康管理师<br>chǒngwù jiànkāng guǎnlǐshī<br>애완동물 관리사 | 演员<br>yǎnyuán<br>배우 | 模特儿<br>mótèr<br>모델 |
| 主持人<br>zhǔchírén<br>MC | 司机<br>sījī<br>운전사 | 飞行员<br>fēixíngyuán<br>조종사 | 空中小姐<br>kōngzhōng xiǎojiě<br>여승무원 |

연습문제

Ⅰ. 주어진 병음의 한자를 보기에서 선택하고, 전체를 해석하시오.

〈보기〉

确　闷　资　算　装　挑　情　经　勿　场　轻
站　炼　约　联　连　占　尝　艺　钓　物　请

(1) 她的(　　)是为我解(　　)开心的好朋友。( què. mèn )

➲ 전체해석: (　　　　　　　　　　　　　　　　　　　　　　)

(2) 一个月的工(　　)也不(　　)高。( zī. suàn )

➲ 전체해석: (　　　　　　　　　　　　　　　　　　　　　　)

(3) 假(　　)买东西, 故意(　　)选很长时间。( zhuāng. tiāo )

➲ 전체해석: (　　　　　　　　　　　　　　　　　　　　　　)

Ⅱ. 한어병음이 바르면 ○, 틀리면 × 하세요.

(1) 赚 zhuàn (　　　)　　　　　(2) 积累 jīlěi (　　　)

(3) 经验 jīnyàn (　　　)　　　(4) 招工 zāogōng (　　　)

Ⅲ. 다음 단어들을 어순에 맞게 배열해 보세요.

(1) 你 / 如何 / 的 / 情况 / 工作

➲ (                                                    )


(2) 人 / 的 / 经验 / 有 / 需要 / 我们

➲ (                                                    )


(3) 不能 / 你 / 给 / 时薪 / 的 / 太高

➲ (                                                    )

# MEMO

제12과

# 首次去银行开户

Shǒucì qù yínháng kāihù

장면 1

A: 我想办存折和银行卡。外国人也可以办的吧?
Wǒ xiǎng bàn cúnzhé hé yínhángkǎ. Wàiguórén yě kěyǐ bàn de ba?

B: 可以。只要有身份证和印章，任何人都可以办的。
Kěyǐ. Zhǐyào yǒu shēnfènzhèng hé yìnzhāng, rènhérén dōu kěyǐ bàn de.

A: 但我没有印章，怎么办?
Dàn wǒ méiyǒu yìnzhāng, zěnmebàn?

B: 如果没有印章，签名也是可以的。
Rúguǒ méiyǒu yìnzhāng, qiānmíng yě shì kěyǐ de.

A: 办好银行卡后，马上就可以使用吗?
Bàn hǎo yínhángkǎ hòu, mǎshàng jiù kěyǐ shǐyòng ma?

B: 当然。
Dāngrán.

 새 단어

□ 首次 shǒucì          처음. 최초. 첫 번째.

□ 银行 yínháng         은행.

☐ **开户** kāihù        계좌를 개설하다.

☐ **办** bàn        (일 따위를) 하다. 처리하다. 취급하다. 다루다.

☐ **存折** cúnzhé        예금 통장.

☐ **银行卡** yínhángkǎ        은행카드.

☐ **只要** zhǐyào        …하기만 하면. 만약 …라면.

☐ **身份证** shēnfènzhèng        신분증. 신분증명서.

☐ **印章** yìnzhāng        도장.

☐ **任何人** rènhérén        누구나.

☐ **签名** qiānmíng        서명.

☐ **马上** mǎshàng        곧. 즉시.

☐ **就** jiù        곧. 바로. 즉시. 당장. (아주 짧은 시간 내에 이루어짐을 나타냄)

☐ **使用** shǐyòng        사용(하다).

☐ **当然** dāngrán        당연하다. 물론이다.

장면 2

A: 我想换钱，在您这儿行吗？
Wǒ xiǎng huànqián, zài nín zhèr xíng ma?

B: 可以，是美元吗？
Kěyǐ, shì měiyuán ma?

A: 是的。汇率是多少？
Shì de. Huìlǜ shì duōshao?

B: 目前的汇率是1比7.2。
Mùqián de huìlǜ shì yī bǐ qī diǎn èr.

A: 很合算。我还想兑这三张旅行支票。
Hěn hésuàn. Wǒ hái xiǎng duì zhè sān zhāng lǚxíng zhīpiào.

B: 请在这三张支票上签个名，好吗？我还需要您的护照。
Qǐng zài zhè sān zhāng zhīpiào shang qiān ge míng, hǎo ma? Wǒ hái xūyào nín de hùzhào.

A: 在这儿。
Zài zhèr.

B: 1,000美元，另加三张各100美元的旅行支票，
Yìqiān měiyuán, lìngjiā sān zhāng gè yìbǎi měiyuán de lǚxíng zhīpiào,

总计1,300美元。
zǒngjì yìqiān sānbǎi měiyuán.

새 단어

☐ **美元** měiyuán      미화(US dollar). 달러.

☐ **汇率** huìlǜ      환율.

☐ **目前** mùqián      지금. 현재.

☐ **合算** hésuàn      수지가 맞다.

☐ **兑** duì      수표·어음 따위로 지불하거나 현금으로 바꾸다.

☐ **旅行支票** lǚxíng zhīpiào      여행자 수표.

☐ **护照** hùzhào      여권.

☐ **另加** lìngjiā      따로 보태다. 별도로 더하다.

☐ **各** gè      각자. 각기.

☐ **总计** zǒngjì      총계(하다). 합계(하다).

暑假打工结束后，店主昨天给我打了电话。他说
Shǔjià dǎgōng jiéshù hòu, diànzhǔ zuótiān gěi wǒ dǎ le diànhuà. Tā shuō

公司规定打工一个月的工资不能用现金支付，只能打
gōngsī guīdìng dǎgōng yí ge yuè de gōngzī bùnéng yòng xiànjīn zhīfù, zhǐnéng dǎ

到银行账户里。我没有存折，所以今天抽时间去学校
dào yínháng zhànghù li. Wǒ méiyǒu cúnzhé, suǒyǐ jīntiān chōu shíjiān qù xuéxiào

附近的'国民银行'办理了。虽然麻烦，但是以后也会
fùjìn de 'guómín yínháng' bànlǐ le. Suīrán máfan, dànshì yǐhòu yě huì

常常用到，所以我就办了'活期存款'存折。
chángcháng yòngdào, suǒyǐ wǒ jiù bàn le 'huóqī cúnkuǎn' cúnzhé.

银行职员说祝贺我首次开立账户，送给我了一个
Yínháng zhíyuán shuō zhùhè wǒ shǒucì kāilì zhànghù, sònggěi wǒ le yí ge

漂亮的赠品马克杯。我拿着杯子走出银行大门的时候，
piàoliang de zèngpǐn mǎkèbēi. Wǒ ná zhe bēizi zǒuchū yínháng dàmén de shíhou,

突然想起了王晓。于是我又返回去，小心地问那位女
tūrán xiǎngqǐ le Wángxiǎo. Yúshì wǒ yòu fǎnhuí qù, xiǎoxīn de wèn nà wèi nǚ

职员"您可以再给我一个杯子吗？"
zhíyuán "nín kěyǐ zài gěi wǒ yí ge bēizi ma?"

새 단어

☐ **结束** jiéshù　　끝나다. 마치다.

☐ **店主** diànzhǔ　　점주. 가게 주인.

☐ **公司** gōngsī　　회사.

☐ **规定** guīdìng　　규정. 규칙.

☐ **用** yòng　　…으로(써).

☐ **支付** zhīfù　　지불하다. 지급하다.

☐ **只能** zhǐnéng　　다만(겨우. 기껏해야) …할 수 있을 뿐이다.

☐ **账户** zhànghù　　계좌. 구좌.

☐ **抽** chōu　　꺼내다. 뽑다. 빼내다.

☐ **国民银行** guómín yínháng　　국민은행.

☐ **办理** bànlǐ　　처리하다. 취급하다. 해결하다.

☐ **麻烦** máfan　　귀찮다. 성가시다. 번거롭다.

☐ **活期存款** huóqī cúnkuǎn　　보통예금.

☐ **职员** zhíyuán　　직원. 사무원.

☐ **祝贺** zhùhè　　축하(하다).

☐ **开立** kāilì　　개설하다.

☐ **账户** zhànghù　　구좌. 계좌.

☐ **赠品** zèngpǐn　　사은품. 증정품.

☐ **马克杯** mǎkèbēi         머그컵.

☐ **突然** tūrán         갑자기. 별안간. 돌연히.

☐ **想起** xiǎngqǐ         상기하다. 생각해내다.

☐ **于是** yúshì         그래서. 이리하여. 그리하여.

☐ **返回** fǎnhuí         (원래의 곳으로) 되돌아가다(오다).

☐ **小心** xiǎoxīn         조심하다. 주의하다.

☐ **再** zài         재차. 또.

# 구문 설명

## ① 이중목적어문

하나의 동사가 동시에 두 개의 목적어를 갖는 문장을 '이중목적어문'이라고 한다. 이중목적어를 취할 수 있는 동사로는 '送, 问, 教, 给, 借, 还, 找, 告诉, 通知' 등이 있다. '이중목적어문'의 기본형식은 '주어+동사+목적어1+목적어2'이다.

### 1) '送'

'送'은 '~에게~을 주다(선물하다)'라는 의미로, 뒤에 '给'를 붙여서 쓰기도 한다.

**姐姐送(给)朋友一件毛衣。**

Jiějie sòng(gěi) péngyou yí jiàn máoyī.
언니가 친구에게 스웨터 한 벌을 선물한다.

**他送(给)女朋友一束花。**

Tā sòng (gěi) nǚpéngyou yí shù huā.
그는 여자 친구에게 꽃 한 다발을 선물한다.

### 2) '问'

'问'은 '~에게~을 묻다'라는 의미를 나타낸다.

**妹妹问姐姐一个问题。**

Mèimei wèn jiějie yí ge wèntí.
여동생이 언니에게 문제 하나를 묻는다.

**姐姐问我哪个办法好。**

Jiějie wèn wǒ nǎ ge bànfǎ hǎo.

언니가 나에게 어느 방법이 좋은지를 묻는다.


**她问我去哪儿。**

Tā wèn wǒ qù nǎr.

그녀가 나에게 어디 가는지를 묻는다.

## 알아보기

### 【은행】

| | | |
|---|---|---|
| **新韩银行**<br>Xīnhán Yínháng<br>신한은행 | **韩亚银行**<br>Hányà Yínháng<br>하나은행 | **友利银行**<br>Yǒulì Yínháng<br>우리은행 |
| **外换银行**<br>Wàihuàn Yínháng<br>외환은행 | **企业银行**<br>Qǐyè Yínháng<br>기업은행 | **花旗银行**<br>Huāqí Yínháng<br>씨티(Citi)은행 |
| **中国人民银行**<br>Zhōngguó Rénmín Yínháng<br>중국인민은행 | **中国工商银行**<br>Zhōngguó Gōngshāng Yínháng<br>중국공상은행 | **中国银行**<br>Zhōngguó Yínháng<br>중국은행 |
| **交通银行**<br>Jiāotōng Yínháng<br>교통은행 | **招商银行**<br>Zhāoshāng yínháng<br>초상은행 | **中国光大银行**<br>Zhōngguó Guāngdà Yínháng<br>중국광대은행 |

### 【금융용어】

| | | | |
|---|---|---|---|
| **存钱**<br>cúnqián<br>입금 | **取钱**<br>qǔqián<br>출금 | **汇款**<br>huìkuǎn<br>송금 | **换钱**<br>huànqián<br>환전 |
| **贷款**<br>dàikuǎn<br>대출 | **还款**<br>huánkuǎn<br>상환 | **利息**<br>lìxī<br>이자 | **余额**<br>yú'é<br>잔고 |

## 【외화】

| | | | |
|---|---|---|---|
| **美元**<br>měiyuán<br>달러(dollar) | **欧元**<br>ōuyuán<br>유로(Euro) | **日元**<br>rìyuán<br>엔화 | **港币**<br>gǎngbì<br>홍콩 달러 |
| **法郎**<br>fǎláng<br>프랑 | **卢布**<br>lúbù<br>루블(rouble) | **英镑**<br>yīngbàng<br>파운드 | **卢比**<br>lúbǐ<br>루피(rupee) |
| **克朗**<br>kèlǎng<br>크로네 | **铢**<br>zhū<br>바트(baht) | **里亚尔**<br>lǐyà‘ěr<br>리얄(Riyal) | **林吉特**<br>línjítè<br>링기트(Ringgit) |

## 연습문제

Ⅰ. 주어진 병음의 한자를 보기에서 선택하고, 전체를 해석하시오.

〈보기〉

| 坏 | 耐 | 脂 | 憎 | 杠 | 贤 | 抽 | 架 | 柚 | 付 | 增 |
| 职 | 积 | 贸 | 抻 | 附 | 赠 | 织 | 杯 | 铀 | 咐 | 贺 |

(1) 银行(　　)员说祝(　　)我首次开立账户。( zhí. hè )

⮕ 전체해석: (　　　　　　　　　　　　　　　　　　　　)

(2) 今天(　　)时间去学校(　　)近的'国民银行'办理了。( chōu. fù )

⮕ 전체해석: (　　　　　　　　　　　　　　　　　　　　)

(3) 送给我了一个漂亮的(　　)品马克(　　)。( zèng. bēi )

⮕ 전체해석: (　　　　　　　　　　　　　　　　　　　　)

Ⅱ. 한어병음이 바르면 ○, 틀리면 × 하세요.

(1) 结束 jiésù (　　　) 　　(2) 返回 fǎnhuí (　　　)

(3) 突然 tūlán (　　　) 　　(4) 开立 kāilì (　　　)

Ⅲ. 다음 단어들을 어순에 맞게 배열해 보세요.

(1) 也 / 外国人 / 吧 / 办 / 的 / 可以

　　⊃ (　　　　　　　　　　　　　　　　　)


(2) 吗 / 就 / 使用 / 可以 / 马上

　　⊃ (　　　　　　　　　　　　　　　　　)


(3) 您 / 还 / 护照 / 我 / 的 / 需要

　　⊃ (　　　　　　　　　　　　　　　　　)

# 在韩国过中秋节

Zài Hánguó guò zhōngqiūjié

장면 1

A: **你想怎么庆祝圣诞节?**
Nǐ xiǎng zěnme qìngzhù shèngdànjié?

B: **和女朋友一起吃顿饭，然后去逛街吧。你呢?**
Hé nǚpéngyou yìqǐ chī dùn fàn, ránhòu qù guàngjiē ba. Nǐ ne?

A: **我先去教堂，然后去参加一个圣诞晚会。你们要不要来?**
Wǒ xiān qù jiàotáng, ránhòu qù cānjiā yí ge shèngdàn wǎnhuì. Nǐmen yào bú yào lái?

B: **我很乐意去。但我现在去接女朋友，一会儿见。**
Wǒ hěn lèyì qù. Dàn wǒ xiànzài qù jiē nǚpéngyou, yíhuìr jiàn.

A: **一会儿见。**
Yíhuìr jiàn.

새 단어

☐ **过** guò — 겪다. 경험하다. (한 시기를) 지나다. 보내다.

☐ **中秋节** zhōngqiūjié — 추석. 한가위.

☐ **庆祝** qìngzhù — 경축하다. 경사스러운 일을 축하하다.

☐ **圣诞节** shèngdànjié — 크리스마스. 성탄절.

☐ **教堂** jiàotáng                    교회.

☐ **晚会** wǎnhuì                       이브닝 파티(evening party).

☐ **乐意** lèyì                           (…하는 것을) 즐겁게 여기다. …하기 원하다.
                                          …하려 하다. …하고 싶다.

☐ **接** jiē                             맞이하다. 마중하다. 영접하다.

**A:** 中秋节你回家吗？

Zhōngqiūjié nǐ huíjiā ma?

**B:** 当然要回了。中秋节可是个合家团圆的日子呢。

Dāngrán yào huí le. Zhōngqiūjié kě shì ge héjiā tuányuán de rìzi ne.

**A:** 那你们都怎么庆祝中秋呢？

Nà nǐmen dōu zěnme qìngzhù Zhōngqiū ne?

**B:** 我们会一起吃月饼啊。赏月什么的。

Wǒmen huì yìqǐ chī yuèbǐng a. Shǎngyuè shénme de.

**A:** 月饼我吃过。有好多种馅儿。很好吃。

Yuèbǐng wǒ chī guo. Yǒu hǎo duōzhǒng xiànr. Hěn hǎochī.

**A:** 这次我从家回来也给你带两块儿吧。

Zhècì wǒ cóng jiā huílái yě gěi nǐ dài liǎng kuàir ba.

**B:** 太好了。谢谢你！

Tài hǎo le. Xièxie nǐ!

새 단어

| | | |
|---|---|---|
| ☐ | **合家** héjiā | 전(온) 가족. |
| ☐ | **团圆** tuányuán | 한데 모이다. 함께 단란하게 지내다. |
| ☐ | **月饼** yuèbǐng | 월병. |
| ☐ | **赏月** shǎngyuè | 달구경하다. 달맞이 가다. |
| ☐ | **什么的** shénme de | …등등(따위). |
| ☐ | **多种** duōzhǒng | 여러 가지. 다양한. |
| ☐ | **馅儿** xiànr | 소. (송편이나 만두 따위를 만들 때 피 속에 넣어 맛을 내는 여러 가지 재료) |
| ☐ | **带** dài | 인도(인솔)하다. 이끌다. 통솔하다. 데리다. |
| ☐ | **块儿** kuàir | 덩어리. 조각. (덩어리 또는 조각 모양의 물건을 헤아리는 데 씀) |

中秋节是团圆的日子，这个时候的月亮最圆。今
Zhōngqiūjié shì tuányuán de rìzǐ, zhè ge shíhou de yuèliang zuì yuán. Jīn

天是中秋节，而王晓不能回北京的家。于是我就带了
tiān shì Zhōngqiūjié, ér Wángxiǎo bùnéng huí Běijīng de jiā. Yúshì wǒ jiù dài le

松糕、煎饼、桂皮茶、油炸食品和水果等中秋节时韩
sōnggāo, jiānbing, guìpíchá, yóuzháshípǐn hé shuǐguǒ děng zhōngqiūjié shí Hán

国人吃的食物，和我六岁的小侄女一起去王晓的宿舍
guórén chī de shíwù, hé wǒ liùsuì de xiǎozhínǚ yìqǐ qù Wángxiǎo de sùshè

了。
le.

王晓很高兴，有滋有味地吃完了我带去的各种丰
Wángxiǎo hěn gāoxìng, yǒuzīyǒuwèi de chīwán le wǒ dài qù de gèzhǒng fēng

盛美食，她非常喜欢我那个穿着漂亮韩服的小侄女。
shèng měishí, tā fēicháng xǐhuan wǒ nàge chuān zhe piāoliang hánfú de xiǎo zhínǚ.

她说彩缎的韩服比中国旗袍更有特色，更华丽。她还
Tā shuō cǎiduàn de hánfú bǐ Zhōngguó qípáo gèng yǒu tèsè, gèng huálì. Tā hái

拍了好多照片，在微信上与她的朋友们一起分享。我
pāi le hǎo duō zhàopiàn, zài wēixìn shàng yǔ tā de péngyoumen yìqǐ fēnxiǎng. Wǒ

们过了一个愉快的中秋节。
men guòle yíge yúkuài de zhōngqiūjié.

새 단어

- **月亮** yuèliang 　달.
- **圆** yuán 　둥글다.
- **松糕** sōnggāo 　송편.
- **煎饼** jiānbing 　전. 부침개.
- **桂皮茶** guìpíchá 　수정과.
- **油炸食品** yóuzháshípǐn 　튀김류. 튀김식품.
- **水果** shuǐguǒ 　과일.
- **食物** shíwù 　음식물.
- **岁** suì 　세. 살. (나이를 세는 단위)
- **侄女** zhínǚ 　조카(딸).
- **有滋有味** yǒuzīyǒuwèi 　아주 맛있다. 감칠맛 나다.
- **丰盛** fēngshèng 　풍부하다. 성대하다.
- **各种** gèzhǒng 　각종(의). 여러 가지.
- **穿** chuān 　(옷을) 입다.
- **韩服** hánfú 　한복.
- **彩缎** cǎiduàn 　색 무늬 비단. 색동.
- **旗袍** qípáo 　치파오.
- **特色** tèsè 　특색. 독특하다. 이채롭다.

☐ **华丽** huálì                화려하다.

☐ **拍** pāi                     촬영하다. 찍다.

☐ **照片** zhàopiàn            사진.

☐ **微信** wēixìn              위챗(위채트. wecaht). 중국의 무료 채팅 앱 (application).

☐ **分享** fēnxiǎng           (행복·기쁨 따위를) 함께 나누다(누리다).

☐ **愉快** yúkuài             즐겁다. 기분이 좋다. 기쁘다. 유쾌하다.

## 구문 설명

**1 접속사 '而'**

'而'은 같은 종류의 단어나 문장을 연결할 때 쓴다. 그러나, 명사는 연결할 수 없다.

1) '~(하)고(도)'라는 뜻으로, 순접(順接)을 나타낸다.

**苹果大而甜。**
Píngguǒ dà ér tián.
사과가 크고 달다.

**年轻而又有活力。**
Niánqīng ér yòu yǒu huólì.
젊고 게다가 활력도 있다.

2) '~지만, ~하나, 그러나'라는 뜻으로, 역접(逆接)을 나타낸다.

**费力大而收效小。**
Fèilì dà ér shōuxiào xiǎo.
힘은 많이 들었지만 거둔 효과는 적다.

**我想去泰国旅游，而爸爸不让我去，所以我有点不高兴。**
Wǒ xiǎng qù tàiguó lǚyóu, ér bàba bú ràng wǒ qù, suǒyǐ wǒ yǒudiǎn bù gāoxìng.
나는 태국으로 여행을 가고 싶은데, 아빠가 못 가게 해서 기분이 좀 안 좋다.

# 알아보기

## 【중국 전통명절과 음식】

| | |
|---|---|
| **春节**<br>Chūnjié<br>춘절(음력설) | **年糕**<br>niángāo<br>떡 |
| **元宵节**<br>Yuánxiāojié<br>정월대보름 | **汤圆**<br>tāngyuán<br>탕위엔 |
| **清明节**<br>Qīngmíngjié<br>청명절 | **青团**<br>qīngtuán<br>동그란 쑥떡 |
| **端午节**<br>Duānwǔjié<br>단오 | **粽子**<br>zòngzi<br>쫑쯔 |
| **中秋节**<br>Zhōngqiūjié<br>추석 | **月饼**<br>yuèbǐng<br>월병 |
| **重阳节**<br>Chóngyángjié<br>중양절 | **花糕**<br>huāgāo<br>시루떡 |

## 연습문제

I. 주어진 병음의 한자를 보기에서 선택하고, 전체를 해석하시오.

---
〈보기〉
---

| 缎 | 旗 | 微 | 享 | 愉 | 节 | 抽 | 架 | 柚 | 付 | 增 |
| 职 | 积 | 贸 | 抻 | 附 | 赠 | 织 | 杯 | 铀 | 咐 | 贺 |

(1) 彩(　　)的韩服比中国(　　)袍更有特色，更华丽。( duàn. qí )

　➲ 전체해석: (　　　　　　　　　　　　　　　　　　　　　)

(2) 在(　　)信上与她的朋友们一起分(　　)。( wēi. xiǎng )

　➲ 전체해석: (　　　　　　　　　　　　　　　　　　　　　)

(3) 我们过了一个(　　)快的中秋(　　)。( yú. jié )

　➲ 전체해석: (　　　　　　　　　　　　　　　　　　　　　)

II. 한어병음이 바르면 ○, 틀리면 × 하세요.

(1) 月亮 yuèliang (　　)　　　(2) 团圆 tuányuán (　　)

(3) 赏月 sǎngyuè (　　)　　　(4) 庆祝 qìnzhù (　　)

Ⅲ. 다음 단어들을 어순에 맞게 배열해 보세요.

(1) 这个 / 圆 / 时候 / 月亮 / 最 / 的

   ⊃ (                                                      )

(2) 一起 / 会 / 我们 / 月饼 / 啊 / 吃

   ⊃ (                                                      )

(3) 一个 / 去 / 晚会 / 然后 / 圣诞 / 参加

   ⊃ (                                                      )

# 韩流

Hánliú

**A:** 你这周末干什么?

Nǐ zhè zhōumò gàn shénme?

**B:** 没什么事。

Méi shénme shì.

**A:** 你想看电影吗?

Nǐ xiǎng kàn diànyǐng ma?

**B:** 可以啊。

Kěyǐ a.

**A:** 你想看什么样的电影呢?

Nǐ xiǎng kàn shénmeyàng de diànyǐng ne?

**B:** 我想看轻松的电影。

Wǒ xiǎng kàn qīngsōng de diànyǐng.

**A:** 喜剧电影怎样?

Xǐjù diànyǐng zěnyàng?

**B:** 可以。

Kěyǐ.

새 단어

☐ **韩流** hánliú        한류. 한국풍의 유행.

☐ **干** gàn        …하다. 저지르다. 일으키다.

☐ **轻松** qīngsōng        (기분이) 홀가분하다. 가뿐하다.

☐ **喜剧** xǐjù        코미디(comedy). 희극.

A: 王晓，你在听歌吗？
Wángxiǎo, nǐ zài tīnggē ma?

B: 对，我在听歌，周兴哲的歌。
Duì, wǒ zài tīng gē, Zhōuxìngzhé de gē.

A: 周兴哲是谁？
Zhōuxìngzhé shì shéi?

B: 周兴哲是台湾有名的歌手，年轻人都很喜欢他的歌。
Zhōuxìngzhé shì Táiwān yǒumíng de gēshǒu, niánqīngrén dōu hěn xǐhuan tā de gē.

A: 你会唱他的歌吗？
Nǐ huì chàng tā de gē ma?

B: 我不会。
Wǒ búhuì.

새 단어

☐ **听** tīng                     듣다.

☐ **歌** gē                       노래.

☐ **周兴哲** Zhōuxīngzhé           주흥철(Eric).

☐ **台湾** Táiwān                 대만. 타이완.

☐ **有名** yǒumíng                유명하다.

☐ **歌手** gēshǒu                 가수.

☐ **唱** chàng                    노래하다. 크게 외치다.

王晓最喜欢的韩国艺人是'BTS'。她说在中国的
Wángxiǎo zuì xǐhuan de Hánguó yìrén shì 'BTS'. Tā shuō zài Zhōngguó de

时候就经常看他们的视屏。另外她还喜欢'BLACK
shíhou jiù jīngcháng kàn tāmen de shìpíng. Lìngwài tā hái xǐhuan 'BLACK

PINK'的LISA，觉得她很帅气。得知这么多韩国艺人
PINK' de LISA, juéde tā hěn shuàiqi. Dézhī zhème duō Hánguó yìrén

受中国人喜爱，让我感到有些意外。而且有不少粉丝
shòu Zhōngguórén xǐ'ài, ràng wǒ gǎndào yǒuxiē yìwài. Érqiě yǒu bùshǎo fěnsī

背诵韩文歌词并演唱，这种热情真是太了不起了。
bèisòng hánwén gēcí bìng yǎnchàng, zhè zhǒng rèqíng zhēnshì tài liǎobuqǐ le.

韩流热潮成了与中国人常聊的共同话题，通过它，
Hánliú rècháo chéng le yǔ Zhōngguórén cháng liáo de gòngtóng huàtí, tōngguò tā,

更增加了亲密感，拉近了彼此的距离。
gèng zēngjiā le qīnmìgǎn, lājìn le bǐcǐ de jùlí.

새 단어

□ **艺人** yìrén　　　　연예인.

□ **视屏** shìpíng　　　스크린(screen). 모니터(monitor).

□ **另外** lìngwài　　　달리. 그밖에. 따로.

□ **帅气** shuàiqi　　　보기 좋다. 멋지다.

□ **得知** dézhī　　　　알게 되다. 알다.

□ **受** shòu　　　　　받다. 받아들이다.

□ **喜爱** xǐ'ài　　　　좋아하다. 호감을 가지다.

□ **感到** gǎndào　　　느끼다. 생각하다. 여기다.

□ **有些** yǒuxiē　　　조금 있다. 일부. 어떤. 조금.

□ **意外** yìwài　　　　의외이다. 뜻밖이다. 예상 밖이다.

□ **而且** érqiě　　　　게다가. …뿐만 아니라. 또한.

□ **粉丝** fěnsī　　　　팬(fans).

□ **背诵** bèisòng　　　암송(暗誦)하다. 외다.

□ **韩文** hánwén　　　한글. 한국어.

□ **歌词** gēcí　　　　가사.

□ **并** bìng　　　　　그리고. 또.

□ **演唱** yǎnchàng　　무대에서 노래하다.

□ **热情** rèqíng　　　열정. 의욕. 열의. 정열.

□ **了不起** liǎobuqǐ 　　　　대단하다. 보통이 아니다. 뛰어나다. 놀랍다. 굉장하다.

□ **热潮** rècháo 　　　　열기. (최)고조. 붐(boom).

□ **成** chéng 　　　　이루다. 완성하다. 성공하다.

□ **共同** gòngtóng 　　　　공동의. 공통의.

□ **话题** huàtí 　　　　화젯거리. 이야깃거리.

□ **增加** zēngjiā 　　　　증가하다.

□ **亲密感** qīnmìgǎn 　　　　친밀감.

□ **拉近** lājìn 　　　　가까이 끌어 당기다.

□ **彼此** bǐcǐ 　　　　피차. 서로. 쌍방.

# 구문 설명

## ① 접속사 '而且'

'而且'는 '게다가', '~뿐만 아니라', '또한'이라는 의미로, 종종 앞에 '不但' 이나 '不仅' 등과 호응한다.

> **这只狗很可爱，而且很听话。**
> Zhè zhī gǒu hěn kě'ài, érqiě hěn tīnghuà.
> 이 개는 귀엽고 게다가 말도 잘 듣는다.

> **他不但聪明，而且好学。**
> Tā búdàn cōngming, érqiě hàoxué.
> 그는 총명할 뿐만 아니라, 배우기도 좋아한다.

> **他不但会说英语，而且会说汉语。**
> Tā búdàn huì shuō yīngyǔ, érqiě huì shuō hànyǔ.
> 그는 영어를 할 뿐만 아니라, 중국어도 할 줄 안다.

## ② 접속사 '并'

'并'은 '그리고, 또'라는 의미로, 동일한 목적어를 가지는 2개의 동사, 또는 동사가 중심이 되는 구를 연결할 때 쓰인다.

> **我们已经搜集并整理了这些资料。**
> Wǒmen yǐjing sōují bìng zhěnglǐ le zhè xiē zīliào.
> 우리는 이미 이 자료들은 수집해서 정리했다.

> **代表们讨论并通过了这个决议。**
> Dàibiǎomen tǎolùn bìng tōngguò le zhè ge juéyì.
> 대표들은 이 결의를 토론해서 통과시켰다.

# 알아보기

## 【음악 종류】

| 流行音乐<br>liúxíngyīnyuè<br>팝(Pop) | 摇滚音乐<br>yáogǔnyīnyuè<br>로큰롤(Rock) | 电子音乐<br>diànzǐyīnyuè<br>전자음악(Electronic) | 金属音乐<br>jīnshǔyīnyuè<br>메탈(Metal) |
|---|---|---|---|
| 世界音乐<br>shìjièyīnyuè<br>월드뮤직(World Music) | 新世纪音乐<br>xīnshìjìyīnyuè<br>뉴에이지(New Age) | 古典音乐<br>gǔdiǎnyīnyuè<br>클래식(Classical) | 独立音乐<br>dúlìyīnyuè<br>인디(Indie) |
| 说唱<br>shuōchàng<br>랩(Rap) | 民谣<br>mínyáo<br>포크(Folk) | 乡村音乐<br>xiāngcūnyīnyuè<br>컨트리음악(Country) | 爵士<br>juéshì<br>재즈(Jazz) |
| 摇摆乐<br>yáobǎiyuè<br>스윙(Swing) | 灵魂音乐<br>línghúnyīnyuè<br>소울(Soul) | 布鲁斯蓝调音乐<br>bùlǔsī lándiào yīnyuè<br>블루스(Blues) | 背景音乐<br>bèijǐng yīnyuè<br>배경음악(BGM) |

# 연습문제

I. 주어진 병음의 한자를 보기에서 선택하고, 전체를 해석하시오.

〈보기〉

| 嘲 | 屈 | 并 | 猴 | 潮 | 侯 | 苹 | 份 | 涌 | 朝 | 诵 |
| 粉 | 纷 | 共 | 候 | 蛹 | 芬 | 拱 | 喉 | 供 | 屏 | 公 |

(1) 在中国的时(　　　)就经常看BTS的视(　　　)。( hòu. píng )

　　⮑ 전체해석: (　　　　　　　　　　　　　　　　　　　　　　　　　)

(2) 有不少(　　　)丝背(　　　)韩文歌词。( fěn. sòng )

　　⮑ 전체해석: (　　　　　　　　　　　　　　　　　　　　　　　　　)

(3) 韩流热(　　　)成了与中国人常聊的(　　　)同话题。( cháo. gòng )

　　⮑ 전체해석: (　　　　　　　　　　　　　　　　　　　　　　　　　)

II. 한어병음이 바르면 ○, 틀리면 ✕ 하세요.

(1) 演唱 yǎnchàng (　　　)　　　(2) 增加 zhēngjiā (　　　)

(3) 拉近 lājìn (　　　)　　　(4) 彼此 bǐcǐ (　　　)

Ⅲ. 다음 단어들을 어순에 맞게 배열해 보세요.

(1) 电影 / 的 / 看 / 轻松 / 想 / 我

➲ (                                          )


(2) 我 / 让 / 有些 / 意外 / 感到

➲ (                                          )


(3) 的 / 喜欢 / 最 / BTS / 艺人 / 是 / 韩国

➲ (                                          )

# 我到北京了

Wǒ dào Běijīng le

A: 小姐，可以看一下您的护照吗?
Xiǎojie, kěyǐ kàn yíxià nín de hùzhào ma?

B: 当然可以，给您。
Dāngrán kěyǐ, gěi nín.

A: 谢谢，您今天要坐我们航班飞哪里?
Xièxie, nín jīntiān yào zuò wǒmen hángbān fēi nǎli?

B: 我要去上海。
Wǒ yào qù Shànghǎi.

A: 好的，您要托运几个行李箱?
Hǎo de, nín yào tuōyùn jǐ ge xínglixiāng?

B: 就只有一个。
Jiù zhǐyǒu yí ge.

A: 行李里有任何违禁品吗?
Xíngli li yǒu rènhé wéijìnpǐn ma?

B: 没有。
Méiyǒu.

A: 请拿上来秤重。
Qǐng ná shànglái chēngzhòng.

B: 好的。
Hǎo de.

A: 这是您的票，登机牌，护照以及行李托运牌。您将在6号门登机。
Zhè shì nín de piào, dēngjīpái, hùzhào yǐjí xíngli tuōyùnpái. Nín jiāng zài liùhào mén dēngjī.

登机时间是上午九点。您的座位在35A。祝您旅途愉快!
Dēngjī shíjiān shì shàngwǔ jiǔdiǎn. nín de zuòwèi zài sānshíwǔ A. Zhù nín lǚtú yúkuài!

B: 非常感谢!
Fēicháng gǎnxiè!

 새 단어

☐ **航班** hángbān　　　　　항공편.

☐ **飞** fēi　　　　　(비행기·미사일 따위가) 날다. 비행하다.

☐ **上海** Shànghǎi　　　　　상해. 상하이.

☐ **托运** tuōyùn　　　　　운송을 위탁하다. 탁송하다.

☐ **行李箱** xínglixiāng　　　　　여행용 가방. 트렁크.

☐ **只有** zhǐyǒu　　　　　오직. 오로지.

☐ **违禁品** wéijìnpǐn　　　　　금지(물)품.

☐ **秤重** chēngzhòng　　　　　무게를 달다.

☐ **票** piào　　　　　표.

☐ **登机牌** dēngjīpái　　　　　탑승권.

☐ **以及** yǐjí　　　　　및. 그리고. 아울러.

☐ **将** jiāng　　　　　반드시 …하게 될 것이다. …일 것이다.

| | | |
|---|---|---|
| ☐ | **座位** zuòwèi | 자리. 좌석. |
| ☐ | **祝** zhù | 기원하다. 바라다. |
| ☐ | **旅途愉快** lǚtú yúkuài | 즐거운 여행길 |

A: 您好，请出示您的护照。
Nín hǎo, Qǐng chūshì nín de hùzhào.

B: 给您。
Gěi nín.

A: 您旅行的目的是什么？
Nín lǚxíng de mùdì shì shénme?

B: 观光。
Guānguāng.

A: 您将在哪儿住宿？
Nín jiāng zài nǎr zhùsù?

B: 北京国际酒店。
Běijīng guójì jiǔdiàn.

A: 预计在中国停留几天？
Yùjì zài Zhōngguó tíngliú jǐ tiān?

B: 一个星期。
Yí ge xīngqī

A: 好，祝您玩得愉快。
Hǎo, Zhù nín wán de yúkuài!

**새 단어**

☐ 出示 chūshì　　　　　제시하다. 내보이다.

☐ 旅行 lǚxíng　　　　　여행.

☐ 目的 mùdì　　　　　　목적.

☐ 观光 guānguāng　　　관광.

☐ 住宿 zhùsù　　　　　묵다. 숙박하다.

☐ 北京国际酒店 Běijīng guójì jiǔdiàn　　북경국제(International)호텔.

☐ 预计 yùjì　　　　　　예상하다. 전망하다.

☐ 停留 tíngliú　　　　　머물다.

☐ 玩 wán　　　　　　　놀다.

今天我用这段时间打工赚的钱去中国旅行。坐11
Jīntiān wǒ yòng zhè duàn shíjiān dǎgōng zhuàn de qián qù Zhōngguó lǚxíng. Zuò shíyī

点起飞的CA124航班去北京。在去各处观光之前，我
diǎn qǐfēi de CA yāo èr sì hángbān qù Běijīng. Zài qù gèchù guānguāng zhīqián, wǒ

想先去探望在北京大学的王晓，很想看看她完成韩国
xiǎng xiān qù tànwàng zài Běijīng dàxué de Wángxiǎo, hěn xiǎng kàn kàn tā wánchéng Hánguó

的学业回去后有什么变化。通过登机口上了飞机，我
de xuéyè huí qù hòu yǒu shénme biànhuà. Tōngguò dēngjīkǒu shang le fēijī, wǒ

心里激动地扑通扑通跳个不停。"飞机已到达北京首都
xīnli jīdòngde pūtōng pūtōng tiào ge bùtíng. "Fēijī yǐ dàodá Běijīng shǒudū

国际机场"，听着机内广播，窗外北京的风景进入了我
guójì jīchǎng", tīng zhe jīnèi guǎngbō, chuāng wài Běijīng de fēngjǐng jìnrù le wǒ

的眼帘。取完行李出了机场，虽然天气有点儿凉，但
de yǎnlián. Qǔ wán xíngli chū le jīchǎng, suīrán tiānqì yǒu diǎnr liáng, dàn

是想到很快就能见到王晓，我又温暖了起来。
shì xiǎngdào hěn kuài jiù néng jiàndào Wángxiǎo, wǒ yòu wēnnuǎn le qǐlái.

새 단어

☐ **段** duàn ···동안. (일정한 시간·공간의 거리나 구간)

☐ **时间** shíjiān 시간.

☐ **赚** zhuàn (돈을) 벌다.

☐ **旅行** lǚxíng 여행(하다).

☐ **坐** zuò (탈 것에) 타다.

☐ **点** diǎn 시.

☐ **起飞** qǐfēi 이륙하다.

☐ **CA(中国国际航空)** Zhōngguó guójì hángkōng 중국국제항공.

☐ **航班** hángbān (비행기나 배의) 운행표. 취항 순서.

☐ **各处** gèchù 여러 곳. 각처.

☐ **···之前** ···zhīqián ···의 앞. ···의 전. (시간과 장소 모두를 나타내지만 주로 시간에 많이 쓰임)

☐ **探望** tànwàng 방문하다. 문안하다.

☐ **完成** wánchéng 완성하다. (예정대로) 끝내다. 완수하다.

☐ **变化** biànhuà 변화(하다). 달라지다. 바뀌다.

☐ **登机口** dēngjīkǒu 탑승구. 탑승 게이트(gate).

☐ **飞机** fēijī 비행기. 항공기.

☐ **心里** xīnli 마음 속. 가슴 속.

| | | |
|---|---|---|
| ☐ | 激动 jīdòng | (감정이) 격하게 움직이다. 감격하다. 감동하다. 흥분하다. |
| ☐ | 扑通扑通 pūtōng pūtōng | 두근두근. 쿵당쿵당. |
| ☐ | 跳 tiào | (심장 등이) 뛰다. |
| ☐ | 不停 bùtíng | 멈추지 않다. 끊임없이. |
| ☐ | 已 yǐ | 이미. 벌써. |
| ☐ | 到达 dàodá | 도착하다. 도달하다. |
| ☐ | 北京首都国际机场 Běijīng shǒudū guójì jīchǎng | 북경 수도 국제공항. |
| ☐ | 机内广播 jīnèi guǎngbō | 기내방송. |
| ☐ | 窗外 chuāngwài | 창밖. |
| ☐ | 风景 fēngjǐng | 풍경. 경치. |
| ☐ | 进入 jìnrù | (어떤 범위 또는 시기에) 들다(진입하다). |
| ☐ | 眼帘 yǎnlián | (문학적 묘사에서) 눈꺼풀. 안계(眼界). 시계(視界). |
| ☐ | 取 qǔ | 찾다. (찾아) 가지다. 받다. |
| ☐ | 行李 xíngli | 수화물. 여행 짐. |
| ☐ | 机场 jīchǎng | 공항. 비행장. |
| ☐ | 天气 tiānqì | 날씨. 일기. |
| ☐ | 有点儿 yǒu diǎnr | 조금. 약간. |
| ☐ | 凉 liáng | 서늘하다. 신선하다. |
| ☐ | 温暖 wēnnuǎn | 포근하게 하다. 따뜻하다. 온난하다. |

# 구문 설명

### 1 접속사 '虽然'

'虽然'은 '비록~일지라도[하지만], 설령~일지라도'라는 의미로, 종종 '可(是)', '但(是)', '却(是)' 등과 호응하여 쓰인다.

**他年龄虽然很小，但是做事情却很有经验。**

Tā niánlíng suīrán hěn xiǎo, dànshì zuò shìqing què hěn yǒu jīngyàn.

그는 비록 나이는 어리지만, 일 처리에 있어서는 경험이 많다.


**虽然他昨天生病了，但他还是把作业写完了。**

Suīrán tā zuótiān shēngbìng le, dàn tā háishi bǎ zuòyè xiěwán le.

비록 그는 어제 병이 났지만, 그래도 숙제를 다 끝마쳤다.


**房间虽然旧了，但是很干净。**

Fángjiān suīrán jiù le, dànshì hěn gānjìng.

방은 비록 낡았지만, 그래도 깨끗하다.


**他虽然工作很忙, 可是对业余学习并不放松。**

Tā suīrán gōngzuò hěn máng, kěshì duì yèyú xuéxí bìngbù fàngsōng.

그는 비록 일이 매우 바쁘지만, 근무 시간 외의 학습에는 조금도 소홀하지 않다.

# 알아보기

## 【공항】

| | | | |
|---|---|---|---|
| **登机手续**<br>dēngjī shǒuxù<br>탑승수속 | **候机室**<br>hòujīshì<br>탑승 대기실 | **入境**<br>rùjìng<br>입국 | **出境**<br>chūjìng<br>출국 |
| **中转**<br>zhōngzhuǎn<br>환승(Transfer) | **过境**<br>guòjìng<br>경유(Transit) | **延误**<br>yánwù<br>지연 | **取消**<br>qǔxiāo<br>취소 |
| **起飞**<br>qǐfēi<br>이륙(하다) | **降落**<br>jiàngluò<br>착륙(하다) | **护照**<br>hùzhào<br>여권 | **签证**<br>qiānzhèng<br>비자 |
| **安检**<br>ānjiǎn<br>보안검색 | **绿卡**<br>lǜkǎ<br>그린카드(영주권) | **机票**<br>jīpiào<br>항공권 | **登机牌**<br>dēngjīpái<br>탑승권 |
| **海关**<br>hǎiguān<br>세관 | **免税店**<br>miǎnshuìdiàn<br>면세점 | **行李领取处**<br>xíngli lǐngqǔchù<br>수하물 찾는 곳 | **货币兑换处**<br>huòbì duìhuànchù<br>환전소 |

# 【의성어】

| 铛铛铛<br>dāngdāngdāng<br>금속 등이 부딪치거나<br>시계추가 흔들거리는 소리 | 滴嗒滴嗒<br>dīdā dīdā<br>물이 떨어지거나<br>시계바늘이 움직이는 소리 | 叽里咕噜<br>jīligūlū<br>알아들을 수 없는 말을<br>흥얼거리는 소리 |
|---|---|---|
| 丁铃铃<br>dīnglínglíng<br>전화벨 소리 | 咚咚<br>dōngdōng<br>북이나 문을 두드리는 소리 | 轰轰<br>hōnghōng<br>대포·천둥·기계 등이 울리는<br>소리 |
| 轰隆轰隆<br>hōnglōng hōnglōng<br>천둥 소리 | 哗哗<br>huāhuā<br>물이 흐르거나 비 내리는<br>소리 | 滴滴<br>dīdī<br>자동차 경적 소리 |
| 乓乓乓乓<br>pīngpīng pāngpāng<br>물건이 서로 부딪치는<br>소리 | 突突突<br>tūtūtū<br>오토바이의 엔진소리 | 喔喔喔<br>wōwōwō<br>수탉 울음소리 |

# 연습문제

Ⅰ. 주어진 병음의 한자를 보기에서 선택하고, 전체를 해석하시오.

---
〈보기〉
---

赶　兆　播　桃　敩　船　肮　描　劳　邀　帘
起　般　赴　插　究　激　航　跳　缴　佻　赵

---

(1) 坐11点(　　　)飞的CA124(　　　)班去北京。( qǐ. háng )

　🢂 전체해석: (　　　　　　　　　　　　　　　　　　　　　)

(2) 听着机内广(　　　), 窗外北京的风景进入了我的眼(　　　)。( bō. lián )

　🢂 전체해석: (　　　　　　　　　　　　　　　　　　　　　)

(3) 我心里(　　　)动地扑通扑通(　　　)个不停。( jī. tiào )

　🢂 전체해석: (　　　　　　　　　　　　　　　　　　　　　)

Ⅱ. 한어병음이 바르면 ○, 틀리면 ✕ 하세요.

(1) 出发 chūfā (　　　)　　　　(2) 航班 hángbān (　　　)

(3) 违禁品 wéijìnpǐn (　　　)　　　　(4) 观光 guāngguāng (　　　)

Ⅲ. 다음 단어들을 어순에 맞게 배열해 보세요.

(1) 出示 / 请 / 护照 / 的 / 您

➲ (                                        )

(2) 中国 / 几天 / 预计 / 停留 / 在

➲ (                                        )

(3) 的 / 旅行 / 您 / 目的 / 什么 / 是

➲ (                                        )

# 부록

## 본문 해석

### 제1과 국제 교환학생

#### 장면 1

A: 안녕하세요.

B: 안녕하세요.

A: 당신은 이름이 무엇입니까?

B: 저는 왕샤오라고 합니다. 당신은요?

A: 저는 박태성이라고 합니다.

B: 당신을 알게 되어 매우 기쁩니다.

B: 당신을 알게 되어 저도 매우 기쁩니다.

#### 장면 2

A: 가족이 몇 명입니까?

B: 우리 가족은 여섯 명입니다.

A: 언니가 있습니까?

B: 저는 언니가 없습니다.

A: 당신 집에는 누가 있나요?

B: 저희 집에는 할아버지, 할머니, 아버지, 어머니, 여동생 그리고 제가 있습니다.

#### 본문

　올해 우리 학년에 북경대학 여자아이 한 명이 왔는데, 그녀는 왕샤오라고 하며, 국제 교환학생입니다. 우리는 강의동 입구에서 처음 마주쳤는데, 그녀는 내게 "경영학과 사무실이 2층에 있나요?"라며 물었습니다. 나는 "그렇습니다. 저는 서울대학 1학년 경영학과 학생 박태성이라고 합니다."라고 반갑게 대답했습니다.

　나는 새로운 친구를 사귀게 되어 아주 기뻤고, 왕샤오를 만난 지 얼마 되지 않았지만, 그녀가 참 매력적인 여자아이라고 느꼈습니다. 앞으로 우리는 대학 생활을 함께 즐겁게 보내고, 학업에 전념하여 좋은 결과를 얻을 수 있도록 노력할 것입니다.

## 제2과 함께 수강 신청하다.

### 장면 1

A: 당신은 학생입니까?

B: 그렇습니다. 당신은요?

A: 저도 학생입니다. 당신은 신입생입니까?

B: 맞습니다. 저는 올해 입학했습니다. 당신은요?

A: 저는 대학교 2학년이고, 작년에 대학에 합격했습니다.

B: 당신은 무엇을 배우나요?

A: 저는 중국어를 배웁니다. 당신은요?

B: 저는 일본어를 배웁니다.

### 장면 2

A: 당신은 무엇을 공부합니까?

B: 저는 중국어를 공부합니다.

A: 그녀는 무엇을 공부합니까?

B: 그녀도 중국어를 공부합니다.

A: 중국어가 어렵습니까?

B: 중국어는 어렵지 않습니다.

### 본문

매 신학기가 시작되면, 첫 번째로 해야 할 일은 수강신청입니다. 이번 학기에 나는 9과목을 선택했고, 왕샤오도 적지 않은 과목을 선택했습니다. 매주 우리는 18시간의 수업을 들어야 하고, 수요일과 금요일에는 과외활동도 있으며, 매일 집에 와서는 과제 외에 종종 보고서도 준비해야 합니다.

어느 날 수업을 마치고, 우리는 책을 정리하면서 대화를 나누었습니다. 왕샤오는 "수업은 재미있지만, 해야 할 예습과 방과 후 과제가 너무 많아 힘들어 죽겠어."라고 했고, 나는 그녀에게 "그럼 우리 함께 공부해. 그럼 좀 빨리할 수 있지 않겠어?"라고 말했습니다. 왕샤오는 내가 이렇게 묻기를 기다렸다는 듯이, 내 말을 듣고 장난스럽게 웃었습니다. 이런 그녀의 모습이 너무 사랑스럽습니다.

## 제3과 우리의 캠퍼스

### 장면 1

A: 오늘은 몇월 며칠입니까?

B: 오늘은 3월 25일입니다.

A: 오늘은 무슨 요일입니까?

B: 월요일입니다.

A: 어제는 며칠입니까?

B: 어제는 24일입니다.

A: 내일은 무슨 요일입니까?

B: 내일은 화요일입니다.

## 장면 2

A: 당신은 유학생입니까?

B: 그렇습니다. 당신은요?

A: 저도 유학생입니다. 당신은 어느 나라 사람입니까?

B: 저는 한국인입니다. 당신은요?

A: 저는 미국인입니다.

B: 당신은 언제 오셨나요?

A: 저는 작년에 왔습니다. 당신은요?

B: 저는 올해 왔습니다.

## 본문

매주 5일, 월요일에서 금요일까지 나는 매일 학교로 수업을 들으러 갑니다. 서울대학은 참 예쁩니다. 강의동, 행정동, 도서관, 체육관, 식당과의 거리가 모두 그다지 멀지 않아, 수업이 끝나거나 점심시간에 쉴 때면 우리는 책을 읽거나 운동을 하며 긴장 풀곤 합니다.

캠퍼스는 1년 사계절이 정말 아름답습니다. 봄에는 각종 작은 꽃들이 교정의 구석구석에 활짝 피고, 여름에는 소나기가 내린 후 공기가 상쾌하며, 가을에는 단풍이 들고, 겨울에는 하얀 눈이 내립니다. 나는 우리 학교의 캠퍼스가 너무 좋습니다.

왕샤오가 이야기하길 중국의 대학생들은 대부분 학교에 거주한다고 합니다. 캠퍼스 안에는 기숙사 외에도 슈퍼마켓, 이발소, 영화관 등 많은 부대시설이 있어서 마치 작은 도시 같다고 합니다. 나도 중국 대학의 캠퍼스에 꼭 가보고 싶습니다.

## 제4과 왕샤오의 초대를 받아들이다

## 장면 1

A: 너희 집 부근에 공원이 있니?

B: 있어. 우리 집 동쪽에 대공원이 있어.

A: 너희 집 서쪽에는 무엇이 있니?

B: 병원과 슈퍼마켓이 있어.

A: 너희 집 남쪽에는 무엇이 있니?

B: 식당과 커피숍이 있어.

A: 너희 집 북쪽에는 무엇이 있어?

B: 우리 집 북쪽에는 지하철역이 있어.

## 장면 2

A: 여보세요, 누구 찾으세요?

B: 실례합니다, 왕샤오씨 계십니까?

A: 지금 안 계십니다. 핸드폰으로 걸어 보세요.

(통화중)

A: 로비입니까? 1038호실 부탁합니다.

B: 아무도 안 받습니다.

A: 메시지를 남겨도 될까요? 138-4865-9823번으로 전화해 달라고 전해주세요.

B: 잠시 후에 다시 전화해 주십시오.

## 본문

지난주에 왕샤오가 우리를 초대해서, 오늘 나와 몇 명의 친구는 왕샤오의 기숙사에 놀러 갔습니다. 그녀는 학교 기숙사 703호에 살고 있습니다. 문에 거꾸로 붙어 있는 붉은 색의 '복'자는 강렬한 중국적인 특징을 보입니다. 그녀의 기숙사는 크지는 않지만 깨끗하고 밝습니다. 창가의 책상에는 컴퓨터, 사전, 책이 놓여 있습니다. 침대는 잘 정돈되어 있고, 머리맡에는 귀여운 판다 곰 인형이 놓여 있습니다. 책상 앞에 앉으면 그리 멀지 않은 곳의 잔잔한 호수와 캠퍼스 안의 울창한 나무를 볼 수 있습니다.

왕샤오가 우리를 위해 준비한 중국 간식을 꺼냈는데, 꽃처럼 생긴 간식은 그녀의 미소처럼 달콤했습니다.

## 제5과 도서관에서 공부하다

## 장면 1

A: 왕샤오씨, 어디 가세요?

B: 도서관에 갑니다.

A: 책을 빌리러 갑니까?

B: 그렇습니다. 책을 빌리고 반납도 하려고 합니다.

A: 자주 도서관에 갑니까?

B: 자주 갑니다. 종종 그곳에서 책을 보고, 어떨 때는 자료도 찾습니다. 당신은요?

A: 저는 자주 가지 않습니다.

B: 오늘 저랑 같이 가시겠습니까?

A: 좋습니다. 저도 책 몇 권 빌리러 가겠습니다.

## 장면 2

A: 안녕하세요. 도서관에 가려면 어떻게 가야 하나요?

B: 직진하시다가 첫 번째 갈림길에서 좌회전하세요.

A: 여기서부터 도서관까지 얼마나 멉니까?

B: 멀지 않습니다. 대략 200미터 정도 됩니다.

A: 고맙습니다.

B: 천만에요.

## 본문

서울대학의 도서관은 6층의 하얀 건물이고, 제가 좋아하고 자주 가는 곳입니다. 1층에서는 책을 빌리거나 반납할 수 있고, 신문이나 잡지도 볼 수 있습니다. 2층에서 6층까지는 각 분야의 도서가 보관되어 있어, 그곳에서 열람과 공부를 할 수 있습니다. 이번 주는 학교에 시험이 있어서인지, 오늘 도서관에는 학생이 특히 많습니다.

왕샤오도 저쪽에 앉아 있는데, 공부를 오래해서 피곤한지 하품을 하고 있습니다. 나는 얼른 자판기로 가서 커피를 사서 그녀에게 건넸습니다. 그녀는 고개를 들어 나를 보더니, 촉촉한 눈을 깜박이며 웃었습니다.

## 제6과 점심을 함께 먹다

## 장면 1

A: 아가씨, 앉으세요. 무엇을 드시겠습니까?

B: 요리 하나랑 밥 좀 주세요.

A: 이 메뉴판에는 많은 요리가 있습니다. 어떤 걸 좋아하세요?

B: 이 요리는 어떻습니까?

A: 많은 사람이 이 요리를 좋아합니다.

B: 하나 주세요.

A: 알겠습니다. 실례지만, 무엇을 마시겠습니까?

B: 물 한 잔 주세요. 감사합니다.

A: 천만에요.

장면 2

A: 실례지만, 무엇을 드시겠습니까?

B: 국수 한 그릇 주세요.

A: 큰 것으로 드릴까요? 아니면 작은 것으로 드릴까요?

B: 작은 것으로 주세요.

A: 매운 것으로 드릴까요? 아니면 안 매운 것으로 드릴까요?

B: 매운 것으로 주시고, 두유 한 컵 더 주세요.

A: 따뜻한 것으로 드릴까요? 아니면 차가운 것으로 드릴까요?

B: 따뜻한 것으로 주세요.

A: 총 60원입니다. 현금으로 하시겠어요? 아니면 카드로 결제하시겠어요?

B: 카드로 결제하겠습니다.

본문

학교 강의동 지하 1층의 학생식당은 비록 음식 종류는 많지 않지만, 가격이 싸고 양이 많으며 맛도 그런대로 괜찮아서, 나는 평소 그곳에서 점심을 먹습니다. 불편한 점은 오랫동안 줄을 서서 기다려야 한다는 것입니다. 어느 날 왕샤오와 함께 점심을 먹으려는데, 그녀는 길게 선 줄을 보고 "우리 오늘 컵라면 사 먹자"고 했고, 나는 좋다고 했습니다. 우리는 곧장 자동판매기로 가서 컵라면과 김치를 샀습니다. 탕비실로 가서 면을 끓여, 우리는 학교 잔디밭 옆의 벤치로 가서 앉아 느긋하게 점심을 먹었습니다. 컵라면과 김치가 매워 왕샤오의 얼굴이 붉어졌습니다. 그녀는 맵지만 아주 맛있다고 하면서 한국 음식이 점점 좋아지고, 한국도 점점 좋아졌다고 말했습니다.

## 제7과 탁구 시합

장면 1

A: 우리 운동을 자주 해야 해.

B: 맞아. 몸매를 좋아지게 하고 싶은데, 어떤 운동을 해야 할까?

A: 수영 어때?

B: 아, 나는 물을 무서워해.

A: 그럼 스키는?

B: 안 돼. 다리 부러질까봐 무서워.

A: 알겠어. 자전거 타는 것은 어때?

B: 더 안 되지. 차에 치일 수 있잖아.

A: 그럼 무슨 운동이 안전한지 말해봐.

B: 스카이다이빙 어때?

## 장면 2

A: 너는 가장 좋아하는 스포츠가 뭐야?

B: 에 …… 글쎄.

A: 그럼, 스포츠 채널은 봐?

B: 응. 농구 경기 자주 봐.

A: 농구를 정말 좋아하나 보네?

B: 싫어해. 사실 농구 싫어해.

A: 그런데 왜 농구 경기를 자주 봐?

B: 어쨌든 축구보다는 재미있잖아.

## 본문

학교에서 탁구 시합을 개최해서, 각 학년 학과별 대표가 참가합니다. 왕샤오와 나는 경영학과 1학년 대표로 출전하게 되었습니다. 이번 대항전을 위해 우리는 방과 후 여가 시간에 함께 연습을 했습니다. 오늘 시합할 때 우리는 평소에 연습했던 기량을 충분히 발휘하여, 경기에서 2대 1이라는 스코어로 이겼습니다. 이번 승리에 학과 친구들은 우리에게 아낌없는 박수를 보내주었습니다.

이번 시합을 통해, 나는 운동이 몸을 건강하게 만들어 줄 뿐 아니라 친구들과도 더 좋은 관계를 갖게 해주는 꼭 필요한 활동임을 알게 되었습니다.

## 제8과 병원 응급실

## 장면 1

A: 왜 그래?

B: 의사 선생님이 내가 감기에 걸렸다고 하시네.

A: 열 나?

B: 체온을 재보니 열이 조금 있어.

A: 약은 먹었어?

B: 먹었어. 간호사 선생님이 주사를 놔주셨어.

A: 지금은 어때?

B: 많이 좋아졌어. 고마워.

## 장면 2

A: 어디가 불편하신가요?

B: 배가 아파요. 아마 어제 저녁에 너무 많이 먹어서 그런 것 같아요.

A: 어제 저녁에 뭘 먹었는지 말해주실 수 있나요?

B: 해산물이랑 오리구이요. 종류가 많고, 어떤 것은 이름을 몰라요.

A: 토한 적 있으세요?

B: 토한 적 있어요. 어제 저녁에 3번이나 토하고, 화장실도 여러 번 갔다 왔어요.

A: 알겠습니다. 대변검사를 해야겠네요.

B: 네.

## 본문

매주 화요일 왕샤오와 나는 '소비자 행동'이라는 선택 과목을 함께 듣습니다. 그러나 오늘 수업에서 나는 그녀를 못 봤습니다. 왕샤오는 지금까지 결석한 적이 없었기 때문에, 수업이 끝나자마자 그녀 휴대폰으로 연락해 보니, 복통이 심해서 지금 병원 응급실에 있다고 했습니다. 나는 바로 서둘러 갔습니다. 그곳에 앉아 있는 그녀의 아픈 모습을 보니 마음이 아팠습니다. 다행히 검사 결과에서 특별한 이상은 발견되지 않았으나, 의사는 당분간 약을 먹고 음식 조절을 하라고 했습니다. 약을 받고, 나는 그녀를 부축해서 차에 태우고, 기숙사까지 데려다 주고서야 집으로 돌아왔습니다.

## 제9과 생활필수품 구매

### 장면 1

A: 안녕하세요. 제가 도와드려도 될까요?

B: 다이아몬드 반지 있나요?

A: 네. 있습니다.

B: 이것 좀 보여주세요.

A: 네. 여기 있습니다.

B: 얼마죠?

A: 이만오천 위안입니다.

B: 너무 비싸네요. 할인되요?

A: 20% 할인됩니다.

B: 좀 더 싸게 되나요?

A: 죄송합니다. 더 이상 싸게는 안 됩니다.

### 장면 2

A: 어서 오세요. 무엇을 도와 드릴까요?

B: 이 셔츠는 얼마에요?

A: 이백 위안입니다. 어떤 사이즈를 원하세요?

B: 제일 큰 걸로 주세요.

A: 여기 있습니다.

B: 입어봐도 되나요?

A: 저기에 탈의실이 있습니다.

B: 감사합니다.

**본문**

왕샤오와 나는 같이 이마트에 생필품을 사러 갔습니다. 주말이라 그런지 쇼핑하는 사람이 많았습니다. 우리는 치약, 칫솔, 샴푸, 린스 등을 산 후, 카트를 밀고 식품코너로 이동해서 그곳을 구경하려고 합니다.

왕샤오는 한국의 떡을 특히 좋아합니다. 그녀는 다양한 색깔과 모양의 떡을 맛보고 싶었지만, 많이 사서 다 먹지 못해 상하면 버려야 해서, 어떻게 해야 좋을지 몰라 했습니다. 한참을 고르다가, 나는 우선 가장 맛있어 보이는 '무지개떡'과 '인절미'를 사자고 했습니다. '무지개떡'과 '인절미'가 정말 맛있어서, 왕샤오와 나는 기숙사로 돌아오는 버스 안에서 남김없이 먹어 치웠습니다.

## 제10과 명동을 함께 구경하기로 약속하다

**장면 1**

A: 실례합니다. 천안문 광장은 어떻게 가나요?

B: 5번 버스를 타면 됩니다.

A: 버스 정류장은 어디에 있나요?

B: 직진하다가 우회전하세요.

A: 감사합니다.

**장면 2**

A: 실례합니다. 3호선 지하철역은 어떻게 가나요?

B: 미안합니다. 저는 이 지역 사람이 아닙니다.

A: 가장 가까운 슈퍼마켓이 어디에 있는지 아세요?

B: 신호등에서 쭉 직진하세요.

A: 감사합니다.

B: 천만에요.

**본문**

오늘은 일요일이라, 우리는 지하철 4호선 명동역 2번 출구에서 만나서 함께 명동을 구경하고 물건을 사러 가기로 약속했습니다. 점심에 왕샤오가 돈가스를 먹고 싶어 해서, 나는 그녀와 함께 갔습니다. 점심 식사 후, 우리는 카페를 찾아 좀 쉬었다가, 쇼핑을 시작했습니다. 우리는 화장품 가게, 신발 가게, 그리고 마지막으로 옷 가게에 갔습니다. 왕샤오는 한화 삼만 원짜리 연한 오렌지색 티셔츠를 샀고, 나는 청바지를 샀습니다.

　학교로 돌아가는 지하철에서 왕샤오는 한국의 젊은이들은 사교성이 뛰어나고 세련되고 멋스럽다고 했습니다. 그리고 그녀는 명동이 북경의 왕푸징 거리와 비슷하고, 물건을 구입하고 맛있는 음식을 맛보는 좋은 곳이라고 했습니다.

---

## 제11과 여름방학 아르바이트하는 날

### 장면 1

A: 나는 요즘 줄곧 일을 바꾸려고 생각하고 있어.

B: 왜? 스트레스가 너무 커?

A: 응. 난 이렇게 바쁜 일에 잘 대응하지 못하겠어. 너는? 네 일은 상황이 어때?

B: 그저 그래, 그런대로 괜찮아.

### 장면 2

A: 안녕하세요. 구인광고 보고 왔습니다.

B: 그래요? 앉으세요. 전에 아르바이트 해 본 적 있으세요?

A: 전에 집에 있을 때는 아르바이트를 해 본 적이 있는데, 한국에서는 처음이에요.

B: 우린 경험 있는 사람이 필요해요.

A: 경험은 별로 없지만, 열심히 하겠습니다.

B: 처음이라 높은 시급을 드릴 수는 없는데, 괜찮나요?

A: 괜찮습니다.

### 본문

　한 학기가 빠르게 지나갔습니다. 여름 방학에 나는 '세븐 일레븐' 편의점에서 1개월간 아르바이트를 했습니다. 나는 이 일을 인터넷에서 찾았습니다. 편의점 일은 그다지 힘들지는 않지만, 해야 할 일이 많고, 때로는 밥 먹을 시간이 없을 정도로 바쁘기도 하고, 월급도 높은 편이 아닙니다. 아르바이트는 돈을 벌 수 있을 뿐만 아니라, 더 중요한 점은 경험을 쌓는 좋은 기회라고 생각합니다.

　가끔 왕샤오가 손님인 척 편의점에 와서 일부러 물건을 오랫동안 고르기도 합니다. 왕샤오는 나의 지루함을 달래주는 정말 좋은 친구입니다.

---

## 제12과 처음 은행에 가서 계좌를 개설하다

### 장면 1

A: 통장과 카드를 만들고 싶습니다. 외국인도 할 수 있나요?

B: 할 수 있습니다. 신분증과 도장만 있으면 누구나 가능합니다.

A: 전 도장이 없는데, 어떻게 하죠?

B: 도장이 없으면 서명도 됩니다.

A: 카드 발급 후, 바로 사용할 수 있나요?

B: 물론이죠.

## 장면 2

A: 환전을 하고 싶은데, 여기서 할 수 있나요?

B: 가능합니다. 달러입니까?

A: 네. 환율이 얼마입니까?

B: 현재 환율은 1:7.2입니다.

A: 괜찮네요. 이 여행자 수표 3장도 바꾸고 싶습니다.

B: 이 수표 3장에 서명 좀 해주시겠습니까? 여권도 좀 주세요.

A: 여기 있습니다.

B: 1,000달러에 100달러짜리 여행자 수표 3장을 더하면, 합계 1,300달러네요.

## 본문

여름방학 아르바이트가 끝난 후, 어제 사장님한테서 전화가 왔습니다. 회사 규정상 한 달 동안 아르바이트한 급여를 현금으로 직접 줄 수 없어서 은행 계좌로 보낸다고 했습니다. 나는 통장이 없어서, 오늘 시간을 내서 학교 근처 '국민은행'에 가서 만들었습니다. 귀찮지만 앞으로 종종 쓸 것 같아서 '보통예금' 통장을 만들었습니다.

은행 직원은 첫 계좌 개설을 축하한다며, 예쁜 사은품 머그컵 하나를 줬습니다. 컵을 들고 은행 문을 나설 때, 갑자기 왕샤오가 생각났습니다. 그래서 다시 가서 그 여직원에게 조심스럽게 "컵 하나만 더 주실 수 있나요?"라고 물어봤습니다.

## 제13과 한국에서 추석을 보내다

## 장면 1

A: 크리스마스 어떻게 보낼 생각이야?

B: 여자친구와 같이 밥 먹고 쇼핑하러 가려고. 너는?

A: 먼저 교회 갔다가 크리스마스 파티에 갈 거야. 너희도 올래?

B: 기꺼이 가지. 그런데 지금 여자친구 데리러 가니까, 조금 있다가 갈게.

A: 잠시 후에 봐.

### 장면 2

A: 추석에 집에 가?

B: 당연히 가야지. 추석은 온 가족이 한자리에 모이는 날이니까.

A: 그럼, 너희는 추석을 어떻게 보내?

B: 우리는 함께 월병 먹고, 달구경 등을 해.

A: 월병 먹어 봤는데, 소가 다양하고 맛있더라.

B: 이번에 집에 갔다 올 때, 2개 갖다 줄게.

A: 너무 좋다. 고마워!

### 본문

추석은 온 가족이 한자리에 모이는 날이고, 이때 달이 가장 둥급니다. 오늘은 추석이지만, 왕샤오는 북경 집에 돌아갈 수 없습니다. 그래서 나는 송편, 전, 수정과, 튀김과 과일 등 추석 때 한국인이 즐겨 먹는 음식을 챙겨서 6살 조카와 함께 그녀의 기숙사에 갔습니다.

왕샤오는 기뻐하며, 내가 가져간 여러 가지 풍성한 음식을 맛있게 다 먹었습니다. 그녀는 예쁜 한복을 입고 있는 내 조카를 아주 좋아했습니다. 그리고 색동한복이 중국 치파오보다 더 특색이 있고 화려하다고 했습니다. 왕샤오는 위챗에서 중국 친구들과 함께 감상하려고 사진을 여러 장 찍었습니다. 우리는 즐거운 추석을 보냈습니다.

## 제14과 한류

### 장면 1

A: 주말에 뭐 할 거야?

B: 아무 일 없어.

A: 영화 볼래?

B: 좋아.

A: 어떤 영화 보고 싶어?

B: 가벼운 영화 보고 싶어.

A: 코미디 영화 어때?

B: 그래.

### 장면 2

A: 왕샤오, 음악 듣고 있어?

B: 응. 음악 듣고 있어. 에릭(Eric) 노래야.

A: 에릭이 누구야?

B: 에릭은 대만의 유명 가수야, 젊은이들이 다 그의 노래를 좋아해.

A: 너 에릭 노래 부를 수 있어?

B: 못 불러.

## 본문

왕샤오가 가장 좋아하는 한국 연예인은 'BTS'입니다. 그녀는 중국에 있을 때 그들의 영상을 자주 봤다고 합니다. 그 외에 'BLACK PINK'의 'LISA'도 멋있어서 좋아한다고 합니다. 중국인이 이렇게 많은 한국의 연예인들을 좋아하는 것을 알고, 나는 약간 의외라는 생각이 들었습니다. 더군다나 많은 열성 팬들이 한국어 가사를 외워서 부른다니, 그 열정이 대단한 것 같습니다.

한류 열풍은 중국인과 자주 이야기하는 공통된 화제가 되었고, 이를 통해서 서로의 친밀감을 높이고, 서로의 거리를 좁혔습니다.

## 제15과 북경에 도착했어요

### 장면 1

A: 아가씨, 여권 좀 볼 수 있을까요?

B: 물론이죠. 여기 있습니다.

A: 감사합니다. 오늘 저희 항공편을 타고 어디로 가실 건가요?

B: 상해로 가려고 합니다.

A: 알겠습니다. 캐리어를 몇 개 부치실 건가요?

B: 하나밖에 없습니다.

A: 짐 안에 어떠한 금지품이 있나요?

B: 없습니다.

A: (짐을) 올려서 무게를 달아 주세요.

B: 네.

A: 이것은 티켓, 탑승권, 여권 및 수하물 태그(tag)입니다. 6번 게이트에서 탑승하시면 되고, 탑승 시간은 오전 9시입니다. 좌석은 35A입니다. 즐거운 여행 되십시오!

B: 정말 감사합니다!

### 장면 2

A: 안녕하세요. 여권을 보여주세요.

B: 여기 있습니다.

A: 여행 목적이 무엇인가요?

B: 관광입니다.

A: 어디서 숙박하실 건가요?

B: 북경 국제 호텔입니다.

A: 중국에 며칠 머무를 예정인가요?

B: 일주일입니다.

A: 알겠습니다. 즐거운 여행 되십시오.

---

**본문**

　오늘 나는 그동안 아르바이트를 해서 모은 돈으로 중국여행을 갑니다. 11시에 출발하는 CA124편을 타고 북경에 갑니다. 각 지방을 둘러보기 전에 북경대학에 있는 왕샤오를 만나볼 생각입니다. 그녀가 한국에서 학업을 마치고 돌아간 후, 어떤 변화가 있는지 정말 보고 싶습니다. 게이트를 통과해서 비행기에 탑승하니, 감격해서 계속 가슴이 두근거렸습니다. "비행기가 북경 수도공항에 도착했습니다"라는 기내방송이 들리고, 창밖으로 북경의 풍경이 눈에 들어왔습니다. 짐을 찾아 공항을 나오니, 날씨는 좀 쌀쌀했지만, 곧 왕샤오를 만날 수 있다고 생각하니 훈훈해졌습니다.

# 연습문제 정답

## 1과

I. (1) 级. 孩
   (2) 楼. 遇
   (3) 答
II. (1) ○
   (2) ×
   (3) ×
   (4) ×
III. (1) 你叫什么名字。
   (2) 我是国际交换生。
   (3) 认识你我也很高兴。

## 2과

I. (1) 还. 活
   (2) 整. 聊
   (3) 预. 累
II. (1) ×
   (2) ○
   (3) ○
   (4) ×
III. (1) 她也学习汉语。
   (2) 去年考上的大学。
   (3) 那我们一起学习吧。

## 3과

I. (1) 图. 距
   (2) 园. 季
   (3) 阵. 清
II. (1) ○
   (2) ×
   (3) ○
   (4) ×
III. (1) 你是哪一年来的?
   (2) 中国大学生大部分住校。
   (3) 我们在电影院看电影。

## 4과

I. (1) 星. 邀
   (2) 边. 超
   (3) 只. 猫
II. (1) ○
   (2) ×
   (3) ○
   (4) ○
III. (1) 窗边的书桌上摆放着电脑。
   (2) 我家北边有一个地铁站。
   (3) 请你过一会儿再打来。

## 5과

I. (1) 查. 料
   (2) 栋. 建
   (3) 抬. 眨

II. (1) ×
   (2) ○
   (3) ×
   (4) ×

III. (1) 我也去借几本书。
    (2) 从这里到图书馆有多远?
    (3) 她坐在那里正在打哈欠呢。

## 6과

I. (1) 便. 排
   (2) 共. 刷
   (3) 格. 量

II. (1) ×
   (2) ×
   (3) ○
   (4) ○

III. (1) 这本菜单上有很多菜。
    (2) 坐下来悠闲地吃着午饭。
    (3) 越来越喜欢韩国的饭菜。

## 7과

I. (1) 余. 练
   (2) 胜. 掌
   (3) 表. 战

II. (1) ○
   (2) ○
   (3) ○
   (4) ×

III. (1) 那你说说什么运动安全。

(2) 你最喜欢什么运动?
(3) 我经常看篮球节目。

## 8과.

I. (1) 温. 烧
   (2) 吐. 厕
   (3) 药. 调

II. (1) ×
   (2) ×
   (3) ×
   (4) ×

III. (1) 医生说我感冒了。
    (2) 她坐在那里痛苦的样子。
    (3) 你得做一个大便检查。

## 9과

I. (1) 购. 需
   (2) 推. 购
   (3) 坏. 扔

II. (1) ○
   (2) ×
   (3) ×
   (4) ○

III. (1) 请把这个拿给我看一下。
    (2) 可以再便宜一点吗?
    (3) 我可不可以试穿一下。

## 10과

I. (1) 约. 站
   (2) 轻. 练
   (3) 物. 尝

II. (1) ○

(2) ✕
(3) ◯
(4) ✕
Ⅲ. (1) 你知道最近的超市在哪里吗?
(2) 在红绿灯处一直往前走。
(3) 我们找了家咖啡馆休息一下。

## 11과

Ⅰ. (1) 确．闷
(2) 资．算
(3) 装．挑
Ⅱ. (1) ◯
(2) ◯
(3) ✕
(4) ✕
Ⅲ. (1) 你的工作情况如何?
(2) 我们需要有经验的人。
(3) 不能给你太高的时薪。

## 12과

Ⅰ. (1) 职．贺
(2) 抽．附
(3) 赠．杯
Ⅱ. (1) ✕
(2) ◯
(3) ✕
(4) ◯
Ⅲ. (1) 外国人也可以办的吧。
(2) 马上就可以使用吗?
(3) 我还需要您的护照。

## 13과

Ⅰ. (1) 缎．旗

(2) 微．享
(3) 愉．节
Ⅱ. (1) ◯
(2) ◯
(3) ✕
(4) ✕
Ⅲ. (1) 这个时候的月亮最圆。
(2) 我们会一起吃月饼啊。
(3) 然后去参加一个圣诞晚会。

## 14과

Ⅰ. (1) 候．屏
(2) 粉．诵
(3) 潮．共
Ⅱ. (1) ◯
(2) ✕
(3) ◯
(4) ◯
Ⅲ. (1) 我想看轻松的电影。
(2) 让我感到有些意外。
(3) 最喜欢的韩国艺人是BTS。

## 15과

Ⅰ. (1) 起．航
(2) 播．帘
(3) 激．跳
Ⅱ. (1) ◯
(2) ◯
(3) ✕
(4) ✕
Ⅲ. (1) 请出示您的护照。
(2) 预计在中国停留几天?
(3) 您旅行的目的是什么?

## 저 자 약 력

### 김 재 민

- 복단대학 문학박사
- 現, 한양여자대학교 실무중국어과 교수

### 서 희 명

- 복단대학 문학박사
- 現, 한양여자대학교 실무중국어과 교수

# 초급 중국어 독해

**초 판 인 쇄**　2023년 12월 21일
**초 판 발 행**　2023년 12월 28일

**저　　　자**　김재민 · 서희명
**발 행 인**　윤석현
**발 행 처**　제이앤씨
**책 임 편 집**　최인노
**등 록 번 호**　제7-220호

**우 편 주 소**　서울시 도봉구 우이천로 353 성주빌딩
**대 표 전 화**　02) 992 / 3253
**전　　　송**　02) 991 / 1285
**홈 페 이 지**　http://jncbms.co.kr
**전 자 우 편**　jncbook@hanmail.net

ⓒ 김재민 · 서희명 2023 Printed in KOREA.

ISBN 979-11-5917-237-3　　13720　　　　　　　　　정가 18,000원